青少年
身体素质
训练技巧一点通

牛雪松◎著

吉林出版集团股份有限公司

全国百佳图书出版单位

图书在版编目（ＣＩＰ）数据

青少年身体素质训练技巧一点通 / 牛雪松著 . -- 长春 : 吉林出版集团股份有限公司，2021.5

ISBN 978-7-5581-9973-8

Ⅰ.①青… Ⅱ.①牛… Ⅲ.①青少年—身体素质—运动训练 Ⅳ.① G808.17

中国版本图书馆 CIP 数据核字（2021）第 077803 号

青少年身体素质训练技巧一点通
QINGSHAONIAN SHENTI SUZHI XUNLIAN JIQIAO YIDIANTONG

著　　者	牛雪松
责任编辑	冯　雪
封面设计	仙　境
出　　版	吉林出版集团股份有限公司
发　　行	吉林出版集团社科图书有限公司
电　　话	0431-81629712
印　　刷	三河市德贤弘印务有限公司
开　　本	710mm×1000mm　1/16
字　　数	153 千
印　　张	13.25
版　　次	2022 年 1 月第 1 版
印　　次	2022 年 1 月第 1 次印刷
书　　号	ISBN 978-7-5581-9973-8
定　　价	48.00 元

前　言

近年来，由于课业繁重、缺乏运动、饮食不规律、沉迷网络等，很多青少年体质下降、体弱肥胖，青少年群体身体素质不断下降的趋势令人担忧。

增强体质，提升身体素质，能让青少年更加朝气蓬勃、意气风发，散发青春光彩。

在鸟语花香的清晨，在阳光明媚的午后，暂时放下课本，放下手机，到大自然中尽情运动，释放身心能量，真是再好不过。

拥有好的身体素质并非一日之功，本书将带你认识身体素质与体质的关系，认识身体素质及其发展规律，了解青少年强身健体的益处与必要性，帮你掌握提升力量、速度、耐力、柔韧、灵敏素质的训练技巧，并为你推荐一些适合不同体质的运动锻炼项目，让你真正爱上运动，增强身体素质。

青少年身体素质发展受多方面因素的影响，饮食和心理是影响身体素质的两个重要因素，暴饮暴食、饮食无度、心情郁闷等，都不利于你的健康成长，本书为你介绍补充营养、合理饮食、保持心理健康的方法，让你做到运动、饮食、心理健康完美配合。此外，本书特别设置"畅所欲言"和"知识锦囊"两个版块，大大增强了本书的趣味性和丰富性，让你在提升身体素质的道路上不再迷茫，助力你健康成长！

不犹豫、不退缩，跟随本书，积极参加运动，努力提升身体素质，成为一名健康、优秀的好少年吧！

作者

2021 年 3 月

目　录

第二章

积极锻炼，强身又健体 ● 027

第三章

力量训练，使身体充满能量 ● 051

第四章

挑战极限，速度与激情同在 ● 071

第八章

科学营养，奠定良好身体基础 ● **157**

第九章

良好心态，缔造健康身体 ● **179**

参考文献 ● **199**

第一章 | CHAPTER 1

博学多闻，认识身体素质

少年强，则国强。

身体强，则少年强。

美好的未来，等待青少年去建设、去创造！

积极锻炼、增强身体素质，是少年自强的重要基础。接下来一起认识身体素质，开启自强之路，奠基美好未来！

训练伊始，了解身体很重要

● 畅所欲言 ●

对于每一个人来说，了解和爱护自己的身体都是非常重要的。你还记得你是从什么时候开始关注自己的身体的吗？是什么原因让你关注的呢？

从健康与运动的角度，你能说出怎样改善自己的身体，让自己的身体变得更健康、更强大吗？

了解你的身体

★ 为什么要了解身体

身体是每一个人生存、运动、思考与感受的基础，只有了解自己的身体，才能更好地去使用身体。

从不同的角度了解身体，可以发现身体的不同奥妙，了解身体是一件非常重要且有意思的事情。

★ 身体初长成

当我们被赋予生命时，从小小的受精卵逐渐发育成长为成熟的胎儿，随后，一声响亮的啼哭，宣告了我们的出生，也是我们与这个世界第一次打招呼。

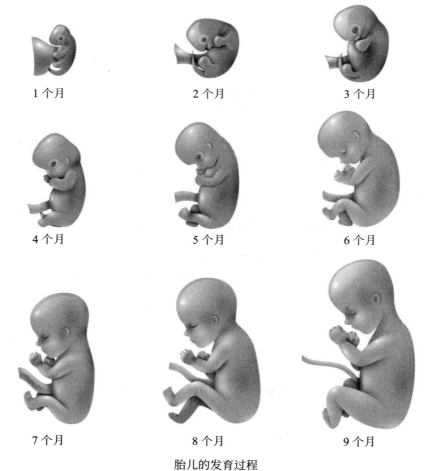

1 个月　　　　　　2 个月　　　　　　3 个月

4 个月　　　　　　5 个月　　　　　　6 个月

7 个月　　　　　　8 个月　　　　　　9 个月

胎儿的发育过程

在胎儿时期，遗传因素会影响身体的生长发育，并且有一些遗传因素会影响人的一生。

一个人的身体素质在很大程度上受到遗传因素的影响，同时后天的营养、运动锻炼对个体的身体素质也有较大的影响。

身体结构、器官发育、身高、体重等，都会影响身体素质的发展。

神奇的人体

人体的构成十分复杂且精妙。

身体各细胞、器官、组织正常开展工作并协调配合，才使得我们的身体能够完成生理活动、参与运动，如吃饭、抓握、走跑、跳跃等。

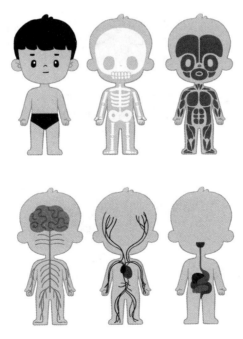

身体的构成

知识锦囊

人体的四大组织、九大系统

人体包括四大组织、九大系统，它们的存在对于身体来说是非常重要的，一起来了解一下它们吧。

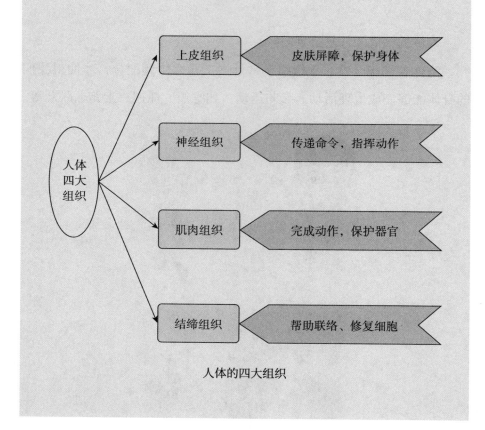

上皮组织	皮肤屏障，保护身体
神经组织	传递命令，指挥动作
肌肉组织	完成动作，保护器官
结缔组织	帮助联络、修复细胞

人体四大组织

人体的四大组织

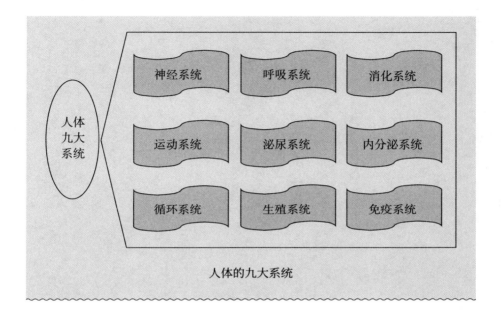

人体的九大系统

体质与身体素质

体质是人体的质量，它是在遗传性和获得性基础上表现出来的人体形态结构、生理功能和心理因素综合的、相对稳定的特征。

身体素质是人体在活动时所表现出来的各种能力，如力量、速度、耐力、柔韧性、灵敏性等。

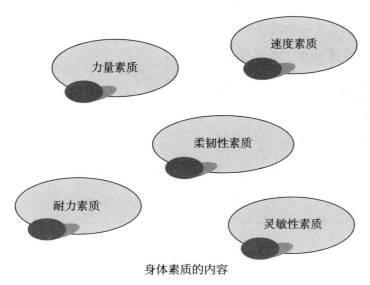

身体素质的内容

身体素质是一个人体质的外在表现，体质与身体素质之间相互影响。

一个人的身体素质不好，如力量小、耐力差、易疲劳，那么他的体质也会比较弱；同样的，体质不佳，如肺活量小、驼背，也会影响其身体素质的发展。

因此，我们要养成多参与体育运动、勤锻炼、讲卫生、健康饮食的好习惯，这样才能拥有良好的体质和身体素质，才能成为阳光、健康的好少年！

知识锦囊

理想体质

你觉得自己的体质健康吗？什么样的体质是理想的体质？一起来看以下几个体质健康特征。

- 身体健康，主要脏器无疾病。
- 发育良好，体格健壮，体形匀称。
- 心肺功能良好。
- 运动能力好。
- 心态好，乐观积极，抗干扰、抗刺激能力强。
- 环境（包括自然环境与社会环境）适应能力强。

你可知，体质决定了身体素质

畅所欲言

如果留心观察我们会发现，每学期总会有一些同学因为身体不适而不能参加体育课中的体育活动或运动训练；还有一些同学每到流感季节、过敏季节就会身体不适或生病。

为什么有些人总是生龙活虎，有些人却身体柔弱呢？很大程度上是由于不同的人的体质健康水平和身体的抵抗力水平不同，体质差的人更容易生病。那么，好体质从何而来呢？

好体质从何而来

★ 遗传因素与后天培养

一个人的体质发展是先天遗传和后天培养共同作用的结果。

遗传因素对于人的体质强弱有重要影响。一般来说，父母在最佳婚育年龄、身体健康状态下孕育新生命，他们孕育的孩子往往体质也不会太差。

后天条件是决定人的体质强弱的重要因素。如果一个人整天抽烟、喝酒，作息不规律，那么他 / 她很难有健康的体质。

因此，如果我们想要拥有良好的体质，除了要珍惜父母为我们创造的先天条件，更要抓住后天培养和锻炼的契机。

★ 体质健康的重要性不容忽视

一个人体质的好坏对其学习、工作乃至人生的发展都有很大影响。一个体弱多病、心态消极的人应该很难扛得住繁重的学业和艰巨的工作任务。

作为青少年，如果我们没有良好的体质，经常生病，不仅要承受各种身体不适和病痛，也很难专注于学习，甚至会给生活、心理带来很多困扰和不良影响。

因此，积极参与运动锻炼，增强体质是很有必要的，健康的体质是生活、学习的重要前提。

★ 如何拥有良好的体质

要想拥有良好的体质，我们应从运动、饮食、作息、生活习惯等多方面入手，这里重点解析以下几方面。

首先，要坚持体育运动锻炼，选择适合自己的运动方式，增强体质。可以选择自己擅长或喜欢的运动方式，如跑步、游泳、踢足球等，要坚持运动，持之以恒。

其次，养成良好的饮食习惯，吃健康的食物，为身体的正常生长发育和参与体育运动补给足够的能量。在平时，应该有意识地补充身体必需的营养，如糖、蛋白质、脂肪、维生素、无机盐、水等。

再次，养成良好的生活习惯，青少年正处于身体发育的关键时期，所以必须保证良好的作息规律，早睡早起。只有睡眠充足，身体各项机能才能保持正常的运转。

最后，青少年要保持心情舒畅，树立良好的健康观和养成健康心理，积极乐观地面对一切，心情烦闷时能找到很好的发泄出口，努力成为一个充满正能量的青少年。

体质能反映出人体的健康水平

一个人的体质可以反映出身体健康与运动发展两个方面的状况，一个是生命活动水平，另一个是身体运动水平。

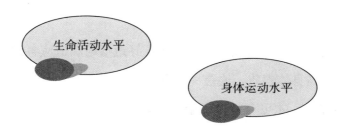

体质反映出的健康状况

一个身体健康的人，身体的各个系统及器官保持着活力，彼此协调配合为身体参与生理活动、体育运动提供支持和帮助。坚持科学参与体育运动，身体会变得更强壮，从而增强生命活动。例如，青少年可以通过参加长跑锻炼自己的耐力，通过参加短跑提高速度，通过参加健身操舞增强身体的灵敏性、柔韧性等。

人的生命活动与运动水平密切相关、相辅相成。

因此，如果我们的生命活动水平和身体运动水平都很高，那么我们的体质也会很好。如果经常生病，体质较差，不妨在平时加强锻炼，积极参与一些运动。

🏃 体质是怎样决定身体素质的

好的体质是进行体育运动的重要基础。青少年有了好的体质，就能参与各种各样的体育运动，从而提高各项身体素质。

一些青少年可能因为自己存在某方面的疾病，或体质较差，或运动能力较差，或心态较为悲观消极，或适应能力差等，而无法参与一些体育运动，身体得不到应有的锻炼，体质就可能会越来越差。

只有科学锻炼，增强体质，才能更好地参与和适应各种体育运动，才能不断提高身体素质，这是一个良性循环的过程。

身心健康，才更有精力和余力为理想奋斗，快来通过体育锻炼来增强体质、改善身体素质吧。

知识锦囊

身体能力与身体素质一样吗

身体能力与身体素质并不是一个概念。身体能力是指人体在运动时表现出的能力，具体包括一般运动能力和竞技运动能力。

一般运动能力就是人们在日常生活、劳动以及一般的运动中所表现出的能力，如走、跑、跳、攀登、投掷等。

竞技运动能力就是指为了完成某项竞技比赛而具备的运动能力。

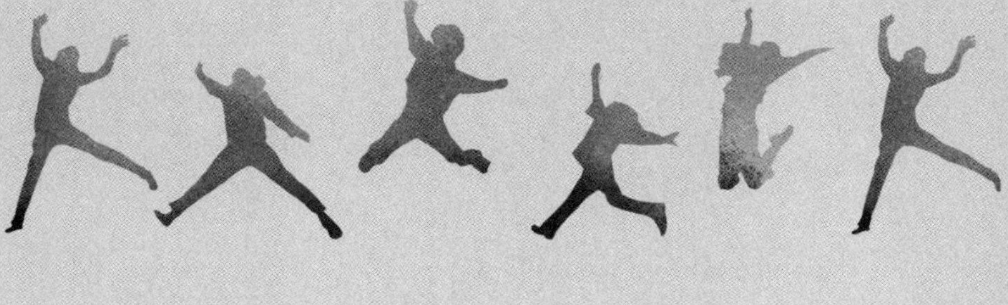

青少年的身体素质有着怎样的发展规律和特点

● 畅所欲言 ●

　　一般来说，男生较擅长力量型、速度型的体育运动项目，而女生更擅长柔韧型、耐力型的体育运动项目。

　　随着年龄不断增长、身体发育逐渐成熟，青少年的身体逐渐可以承受更多的运动负荷，如从体育课上艰难地跑完800米到轻松跑完800米，身体素质和运动能力在不断得到提高。

　　你知道身体素质是如何发展的吗？它有着怎样的发展规律与特点？

👤 身体素质的自然有序增长

　　青少年的身体素质不是随机发展的，而是随着年龄增长而有所变化的。

作为青少年，我们的各项身体素质的水平会随着年龄的增长而得到提升，即具有自然增长的特点。

我们的身体素质的自然发展过程中，各项素质的发展是有先后顺序的，大致先后顺序依次为速度素质、灵敏素质、柔韧素质、力量素质、耐力素质。

力量素质：男孩和女孩的力量素质的突增期有一定差异，男孩大概在 12—15 岁，而女孩更早一些，大约为 10—12 岁。

速度素质：青少年速度素质提高最快的时期大约是在 7—13 岁。

耐力素质：一个人的耐力素质发展的最佳时期就是青少年时期，男孩一般在 10—20 岁，女孩大多在 9—18 岁。

灵敏素质：对于一个人来说，身体最灵敏的时期大概是 7—13 岁，这一时期也是发展青少年灵敏素质的最佳时期。

柔韧素质：从人体骨骼发展的特点来看，儿童的骨骼是最有弹性的，有较强的可塑性，关节韧带更具有延展性。所以，柔韧素质的训练最好从儿童时期开始。一个人大概在 11 岁左右，其身体的柔韧度就会慢慢降低，直到青春期发育后期会基本终止。

抓住身体素质发展的敏感期

在身体素质发展的敏感期，人体各项素质会表现出"强劲的发展势头"。如果能抓住这样一个关键时期，积极参与体育运动锻炼，使身体各项运动能力得到充分发挥，可促进青少年的身体素质水平的快速、大幅提高。

我们的各项素质在敏感期会迎来怎样的发展态势呢？表现如下。

力量素质开始增长

速度素质明显提高

耐力素质逐渐提升

灵敏素质快速发展

柔韧素质有一定的可塑性

敏感期人体素质发展态势

如何测评身体素质

🏃 身体素质不同，测评方法不同

我们在进行各项身体素质测试时，要采取相应的、有针对性的测评方法，以确保测评科学、有效。

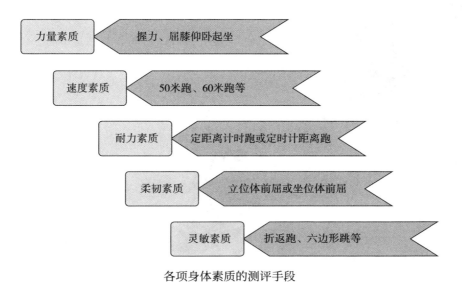

力量素质	握力、屈膝仰卧起坐
速度素质	50米跑、60米跑等
耐力素质	定距离计时跑或定时计距离跑
柔韧素质	立位体前屈或坐位体前屈
灵敏素质	折返跑、六边形跳等

各项身体素质的测评手段

不同身体素质的主要测评方法

★ 力量素质测评——仰卧起坐

仰卧在软垫上，两腿微开且屈膝成 90°，两手交叉抱头。同伴用力压住受试者的两侧踝关节，以固定下肢。

受试者在听到测试者喊"开始"时（1 分钟计时开始），背部用力将身体上半部分抬至贴近两膝，反复动作。测试者记录受试者在 1 分钟内做仰卧起坐的数量（单位：次）。要注意的是在测试中要做到动作标准，否则成绩无效。

单位时间（1 分钟）内做仰卧起坐的次数越多越好，男生次数应多于女生。

一般的青少年男女生 40 个 / 分钟以上为良好，50 个 / 分钟以上为优秀。

仰卧起坐练习

★ 速度素质测评——50 米跑

受试者需要在规定时间内完成 50 米跑。测试人员要精确地记录受试者跑完的时间，取最好成绩（单位：秒）。

50 米跑时，用时越短者，说明位移速度越快。

以初二年级 50 米跑为例，青少年 50 米跑评分参照标准如下。

50 米 跑 时，男生达到 7.5″～7.7″ 为优秀，7.8″～7.9″ 为良好，8.1″～9.9″ 为及格。

女 生 50 米 跑 时 达 到 8.0″～8.2″ 为优秀，8.5″～8.8″ 为良好，9.0″～11.8″ 为及格。

★ 耐力素质测评——800 米 / 1 000 米跑

女生在 400 米跑道上跑两圈，男生在 400 米跑道上跑两圈半，记录跑完全程的时间（单位：分·秒）。

以初一年级女生 800 米跑为例，跑时达 3′38″～3′45″ 为优秀，3′56″～4′06″ 为良好。

以初一年级男生 1 000 米跑为例，跑时达 3′55″～4′15″ 为优秀，4′22″～4′30″ 为良好。

★ 柔韧素质测评——坐位体前屈

借助坐位体前屈测量仪器可以了解坐位体前屈的水平，测试时，受试者坐在垫子测试仪上，双腿伸直，两脚的脚跟落于基准线，两脚分开 15 厘米。

开始测量时，受试者的上半身尽量前屈，两手臂沿着两腿的方向尽量伸展，两中指抵尺并向前推，直到无法继续推为止。测试人员读取数值（单位：厘米）。

　　一般的，坐位体前屈距离达 15.8～22.7 厘米为优秀，11.6～17.6 厘米为良好。

　　日常生活中，我们可以尝试做一些体前屈、体侧屈等动作来了解与改善自己的身体柔韧素质。

日常坐位体前屈练习及柔韧素质水平预估

★ 灵敏素质测评——六边形跳

在平坦的地面（地板）上进行测试，准备好卷尺、秒表、胶带等工具。

在地板上用胶带粘一个边长 60 厘米、各边夹角 120º 的正六边形。受试者站在六边形的正中心，听口令从六边形中心双腿向边线外跳，再跳回中心，按照顺时针方向跳完六条边，连续 3 次，最后回到起始位置。

测试 2 次，取最好成绩，时间精确到 0.01 秒。

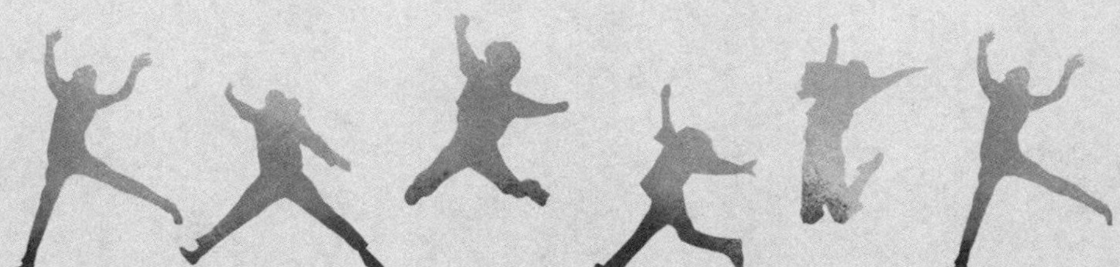

第二章

CHAPTER 2

积极锻炼，强身又健体

生命健康来之不易，应该用心去呵护。

坚持锻炼，能让身体保持良好的运动适应状态，

如此，有助于塑造优美的体态、挺拔的身姿、健康

的体魄。

为了自身健康，为了家庭幸福和实现个人理想、回

馈社会，我们更应该重视强身健体。

生命不止，运动不息

畅所欲言

生命健康是"1"，金钱、名利、地位等是"1"后面的"0"，没有"1"，有再多的"0"也没有意义。

青少年正处于人生最美好的年华，更应该认识到生命健康的重要性。有哪些故事、新闻或者亲身经历让你对生命健康的重要性颇有感触？说说你的想法吧。

珍爱生命，重视健康

★ 无法打破的人生定律——生老病死

和大自然中的很多生物相比，人的一生非常短暂，从婴幼儿到儿童，从青少年到中老年，直到最后离开这个世界，我们要在短暂的生命旅程中提高生命质量就显得更为重要了。

包括青少年人群在内的每一个人，都应该感恩生命、珍惜生命、重视健康。

人的一生

生老病死是一个生命自然发展、无法打破的人生定律，要重视健康，以增强体质，提高生命质量，从容预防、对抗疾病。

运动有助于强身健体、愉悦身心、增强意志，积极参与运动锻炼已经成为现代很多人的健康生活方式。

★ 生命与健康的重要性

每一个青少年对生命与健康的认识不同，对生命与健康的重要性的理解程度也不同。

如果有机会，我们不妨跟身边的长辈聊一聊有关健康和生命的话题，大多数长辈或许会直截了当地告诉我们："健康比什么都重要！""生命只有一次，要好好珍惜""人世间，除了生死都是小事儿。"

只有保持健康的身体，我们才有更多的时间好好地爱我们的父母、恋人、子女、朋友；只有保持健康的身体，我们才能更好地完成我们的学业、工作；只有保持健康的身体，我们才有更多的精力去奋斗与拼搏，去实现人生价值。

运动的益处

伟大的思想家伏尔泰说过："生命在于运动。"只有坚持运动的人，才更容易获得健康。

有了健康的体魄，才能继续实现我们的人生价值。

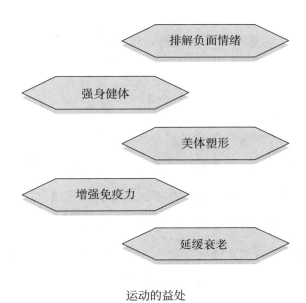

运动的益处

当前，"阳光体育""大众健身""健康中国"等观念已经深入人心，越来越多的人开始积极参与运动，追求健康生活。

喜欢运动的人，他们身上会有一些共同特征，如肢体灵活、乐观向上、活力四射、不容易生病等。

如果我们身边有这样的同学、亲朋好友，不妨多向他们学习一些运动的经验，尝试参与他们推荐的一些运动项目并感受运动的乐趣，找出其中一项或几项自己也感兴趣的运动项目。

当然，爱上某项运动不是最终目的，而是要爱上运动本身，让运动锻炼终身陪伴我们健康成长。

知识锦囊

运动能有效改善人体器官的状态

人在运动时，犹如一台启动的机器，身体很多器官也跟着一起运动，能保持一定的活性。

相反，如果长期静止不动，身体部分器官得不到运用，就会失去活性，最终会损伤人体健康。身体如同机器一样，长时间不用它就可能会生锈，生锈时间久了就可能造成机器报废。

长期坚持运动的人，其身体器官的状态一定会比不爱运动的人状态好。比如，长期坚持骑车的人，心血管及血压等功能都会得到很好的调节；而不爱运动的人，很容易有"三高"问题。

因为人的身体是一个精密的系统，所以要想保持正常的运转，就要坚持运动。坚持运动，人的心肺功能、神经、肌肉和骨骼等系统都会得到改善。

正确选择运动项目

运动的种类丰富多样

根据不同的分类标准，可以将运动分成不同的种类，每一种类型的运动都具有一定的运动特点。

具体来说，根据氧气参与情况，运动可以分为有氧运动和无氧运动；根据运动的强度、时间、频率等因素，运动可以分为耐力运动、被动运动、阻力运动。

有氧运动就是人体在氧气充分供应的情况下进行的运动，如慢跑、慢游泳等。

无氧运动主要指负荷强度高、瞬间性强的运动，如百米冲刺、举重等。

耐力运动通常指长时间的运动，如骑车、游泳等。

被动运动就是需要外力帮助而进行的运动，如使用甩脂机减肥。

阻力运动就是对抗阻力的一种运动，如举哑铃、杠铃等。

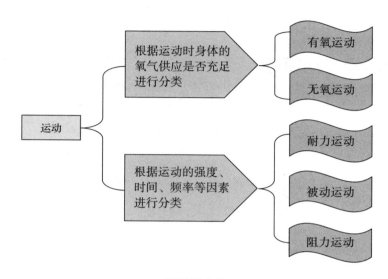

运动的分类

知识锦囊

有氧运动与无氧运动的区别

有氧运动与无氧运动是两种完全不同的运动，二者的区别主要体现在五个方面。

● 有氧运动持续的时间长，而无氧运动持续的时间短。

● 有氧运动的强度较低，而无氧运动的强度较高。

● 有氧运动主要消耗的是脂肪和碳水化合物，而无氧运动主要消耗碳水化合物。

● 有氧运动能有效提高运动员的心肺功能，而无氧运动则更易于发生乳酸堆积。

● 有氧运动的代表性运动有骑自行车、慢跑等，无氧运动的代表性运动有举重等。

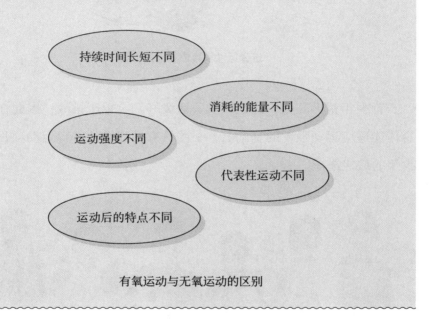

有氧运动与无氧运动的区别

选择体育运动项目需要考虑什么

运动种类繁多，可谓五花八门，而要从众多项目中为自己选择一个或更多适合的运动并不是一件容易的事情。

在选择体育运动项目时，有很多因素需要考虑，我们需要特别关注以下几种。

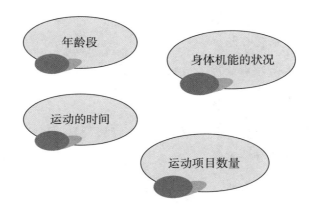

选择运动项目应考虑的因素

　　青少年精力旺盛、意气风发、活泼好动、乐于挑战，因此在确保身体能适应运动强度的基础上，一些具有挑战性的体育运动项目是青少年的最佳选择。

参与不同体育运动项目的运动少年

如果我们的体质较弱，缺乏运动经验，那么我们可以选择一些强度小、简单易操作的运动，如健身跑、有氧健美操、乒乓球等。当身体机能和素质达到一定水平以后，再慢慢增强运动强度或选择对抗性比较强的运动项目，如足球、跆拳道等。

学生，是我们的一个重要身份，我们需要兼顾运动锻炼与学业，为了缓解学习压力、增强体质、发展身体素质，应该尽量选择能在课余、校外时间坚持参与的运动项目。比如，可以在每周末约上好友去踢足球或者与家人去爬山等。

此外，在选择运动项目时，可不要太"贪心"，要秉承"少而精"的原则，选择一两项我们感兴趣、对身体素质发展有益的运动项目，要坚持参与，如此我们才能真正感受到运动锻炼带给我们的运动乐趣和身体上的积极变化。

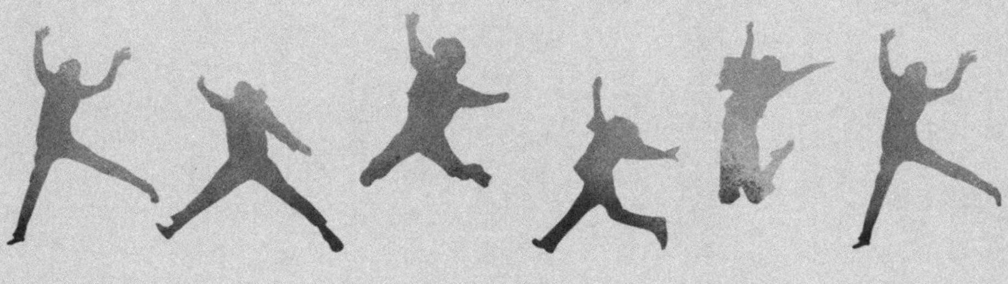

养成晨练好习惯

● 畅所欲言 ●

"早起的鸟儿有虫吃"，早起晨练，让你有机会吸收到更多的新鲜空气，也有机会见到清晨的第一缕阳光。你愿意做一只勤奋的"小鸟"参与到晨练中去吗？

晨练的益处多多，但并不是你能"想练就练"的，你知道晨练时应该注意什么吗？

🏃 晨练的别样运动体验

晨练，就是在早上进行体育运动锻炼。晨练是一种很好的获得健康的方式。

日出东方，迎着清晨的朝阳恣意释放身体能量，这会让我们以更饱满的激情投入到当天的生活、学习中。另外，早起让一天的时间似乎变得更长，做事情也会更从容。

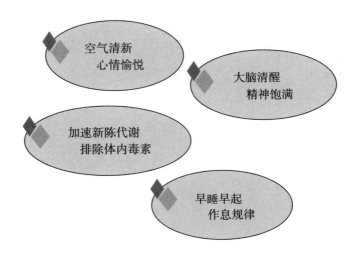

空气清新
心情愉悦

大脑清醒
精神饱满

加速新陈代谢
排除体内毒素

早睡早起
作息规律

晨练的美好运动感受

在乡间田野中，在城市的森林公园里，在学校的操场上，每天都有很多热衷晨练的人，他们用运动来唤醒元气满满的一天。

如果你还没有过晨练的经历，不妨尝试早起参与一次晨练，相信你一定会体会到晨练的别样感受。

心动不如行动

★ 晨练方式的选择

坚持科学晨练，可以让我们拥有健康的身心。

晨练有很多方式，不同的晨练方式可以带来不一样的运动体验，有助于增强身体素质，提高运动技能，塑造健康心态。

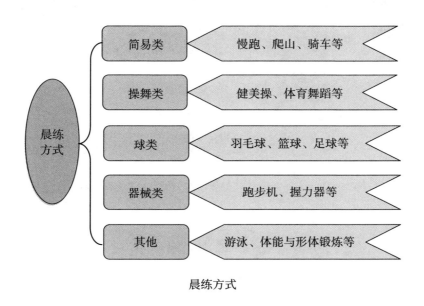

晨练方式

不同的晨练方式各有特点，我们可以根据自己的年龄、性别、身体状况及生活、学习规律来选择具体的晨练内容。

★ 晨练的注意事项

晨练好处多多，但也讲究科学参与，应该避免一些晨练误区。

青少年正处于长身体的时候，因此每天要保证充足的睡眠，当课业繁重或其他原因无法早睡时，早上就不能起得过早，如果四五点钟就出去晨练，身体困倦会导致运动时无法全身心投入，容易引发不必要的运动损伤。另外，时间过早的清晨往往气温低、湿气重，容易诱发疾病。

很多青少年有不爱吃早饭的习惯，尤其是刚起床不久，没有胃口就索性不吃。晨练前可以少吃一些茶点，以补充身体一整夜的消耗，并为晨练提供必要的能量，避免在空腹的状态下晨练，以防出现低血糖等症状。

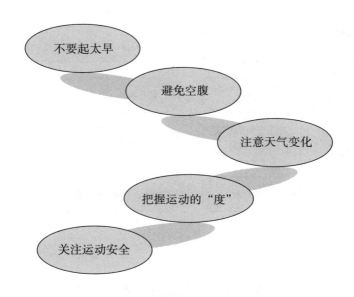

晨练的注意事项

在晨练前一天，我们应该关注天气变化，如果天气不好，也尽量不要晨练。气温过低容易受凉，雾霾天很容易将污染物质和细菌吸入肺中，不利于身体健康。

晨练过程中要把握好运动的"度"，"小打小闹"不能起到很好的锻炼效果，超强度的运动则容易引发运动损伤，会导致运动后食欲减退、睡眠不好、身心难恢复等问题，会影响当天的学习与工作，以及之后的运动锻炼。

我们在晨练时，要注意自身的运动安全，包括运动中可能产生的运动损伤要提前预防，做好热身准备，也要注意人身安全，避免去偏僻的地方晨练，最好有家人陪同。我们可以带上爸爸妈妈一起去晨练，这样的晨练会更有安全感，还能享受到幸福的亲子时光。

亲子晨练

知识锦囊

晨练到不到位与出汗多少无关

有很多人认为："出汗越多，晨练练得越到位。"你觉得这种想法正确吗？

事实上，运动出汗与环境、气温、个人体质及运动前的饮水量等有关。

你在参与晨练强健身心时，大可不必纠结是否出汗、出汗量的多少，只要坚持有氧运动，每次持续30分钟以上，每周完成3～5次晨练，就可以达到很好的锻炼效果，对增强你的体质与发展运动素质很有帮助。

持久锻炼，春夏秋冬不缺席

 春季锻炼

春季，万物复苏，气温回暖。在春季坚持锻炼，有助于促进我们身体健康和生长发育。

"一年之计在于春"，休息了一冬的人更要积极参与户外运动锻炼。

春季锻炼的地点最好选择空气清新、宽敞平坦、树木葱郁的地方；时间最好选择在日出后，以便呼吸到更多的新鲜空气。

春季是很好的锻炼时机，但春季也是病毒繁衍、疾病多发的季节，所以在决定锻炼之前，我们应该了解一些注意事项。

为了保持人体健康，顺应身体运动水平发展的规律，应该把握好运动量，即由小到大逐步增加难度。

刚刚度过寒冷的冬天，春季的气温时冷时热，较为多变，因此锻炼时要根据气温变化及时增减衣物，避免受凉，要注意循序渐进地参与锻炼，让松懈了一整个冬天的身体慢慢适应运动。

夏季锻炼

夏季是人体代谢最活跃的季节，很适合锻炼。

在夏季坚持锻炼，不但能增强体质、促进健康，还能提高身体对外界环境的适应能力和应激能力。

夏季炎热，面对"火热"的大太阳，很多青少年不愿意到户外去，其实，青少年可以选择的夏季锻炼方式有很多，如游泳、跑步、羽毛球、乒乓球等。如果这些还不能满足我们的需求，我们只需记住一点即可：选择一些温和的、全身性的、强度适中的有氧运动。

当然了，夏季锻炼时，我们一定要做好防晒和预防中暑。

知识锦囊

预防中暑

夏季天气闷热、潮湿，在阳光强烈的户外和通风较差的室内进行锻炼，很容易中暑。

这里重点介绍两个有效预防中暑的方法。

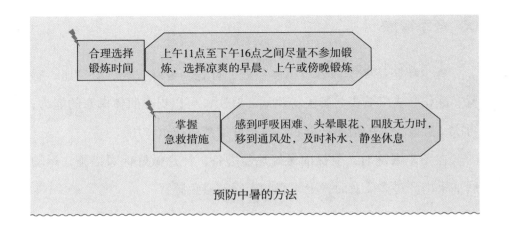

| 合理选择锻炼时间 | 上午11点至下午16点之间尽量不参加锻炼，选择凉爽的早晨、上午或傍晚锻炼 |
| 掌握急救措施 | 感到呼吸困难、头晕眼花、四肢无力时，移到通风处，及时补水、静坐休息 |

预防中暑的方法

🏃 秋季锻炼

天高云淡、秋高气爽，人的情绪也从之前的烦躁恢复到平静。然而，秋季又是一个容易让人感到倦怠和乏力的季节，所以必要的锻炼也是不可缺少的。

秋季锻炼可以选择的运动项目有很多，快走、慢跑、爬山、骑行等较为温和、对抗性不强的有氧运动最为适宜。

当我们在秋季锻炼时，要特别注意两点：一是预防感冒；二是及时补水。

秋季早晚的气温较低，而中午温度有所回升，所以锻炼时要根据温度变化随时增减衣物。

另外，秋季空气的湿度较低，容易出现咽喉干痒、鼻子出血等症状，加上运动过程中身体会流失很多水分，因此要注意及时补水。

🏃 冬季锻炼

青少年坚持冬季锻炼有诸多益处，首先，可以有效预防贫血、感冒、冻伤、支气管炎、肺炎等疾病；其次，可以提高肌体御寒的能力；再次，能改善人的情绪；最后，有很好的减脂减重作用。

在冬季锻炼时，要提前做好热身准备，注意做好保暖措施，运动后如果出汗过多要及时换上干爽的衣服，避免感冒。

秋冬骑行

第三章 CHAPTER 3

力量训练，使身体充满能量

想要动作有力、身体强健，不注重力量素质训练怎么能行？

力量素质是身体素质中最基础的素质之一，人体的每一个动作都需要用到力量。

坚持力量训练，增强力量素质，让我们的身体更强壮，也为发展其他身体素质奠定良好的基础。

从力量素质训练开始，强身健体、积蓄力量，以待厚积薄发。

何谓力量素质

●━━━━━ ● 畅所欲言 ● ━━━━━●

　　背起书包、拿起书本、举起篮球，都需要力量；行走、奔跑、踢球，也需要力量。

　　究竟什么是力量素质呢？力气大就是力量素质好吗？如果一个人没有了力量会怎样？

🏃 简单了解力量素质

　　力量素质，是人身体素质中的一种，是人体肌肉在工作时克服运动阻力的一种能力。

　　我们可以将力量素质理解为我们平时所说的"力气"，实际上它是一种肌肉力量，是肌肉运动时产生的力。简单地说，在我们进行某项运动时，所用到的肌肉力量，其实就是我们的力量素质。这也就是说，力量素质是通过我们的肌肉工作运转的形式表现出来的。

同年龄阶段的青少年中，男生的肌肉力量，也就是力量素质要比女生的力量素质大一些。

🏃 力量素质的不同表现

力量素质有多种表现，由此可以对力量素质进行分类，力量表现不同，分类不同。

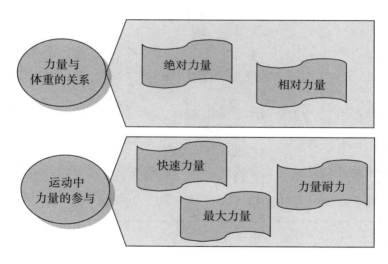

力量素质的表现与种类

按照力量和体重的关系来划分，力量素质可以分为绝对力量和相对力量。按照运动中力量的参与形式和力量表现划分，力量素质可以分为快速力量、最大力量、力量耐力。

绝对力量是指不考虑体重时所能发出的力量，比如我们提起背包的力量、抱起书本的力量。

相对力量是指相对于自身体重所发出的力量，比如克服体重、空气阻力等跳起的力量。

快速力量是指肌肉用力后可以转化为速度的力量，比如在篮球运动中抢篮板球时的弹跳力；跑步、轮滑、滑冰冲刺时腿部肌肉用力蹬地加快速度的爆发力。

玩轮滑的少女

最大力量，顾名思义，就是肌肉克服阻力的运动过程中所表现出来的最大的力量，比如举重运动员所举起的最大重量。

力量耐力是指肌肉能够承受疲劳的一种能力，比如长跑时，有的人能坚持跑更长的时间就需要肌肉耐力的支持。

生长发育是如何影响力量素质的

人体的生长发育对力量素质的影响主要体现在五个方面。

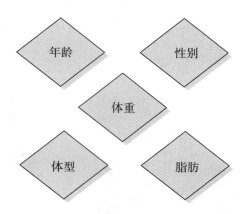

人体的生长发育对力量素质的影响

人体的生长发育对力量素质的影响，首先体现在性别上。一般来说，如果两人同龄、性别不同，排除疾病等其他因素，男生的力量素质明显好于女生。

年龄对力量素质的影响同样非常重要。

实际上，在 10 岁以前，男生和女生的力量素质相差并不明显，因为两者的肌肉力量并无明显差别。

从 11 岁开始，男女生之间的力量素质差别就开始渐渐体现出来了，这主要表现为男生的肌肉力量增长越来越快，而女生则相对较慢。

从 13 岁开始一直到 17 岁左右的这段时间，是我们的身体力量素质增长速度最快的一个阶段，我们的最大力量和相对力量都会在这一时期得到明显的提高。

　　体重对力量素质的影响也是显而易见的，从生活中我们也可以观察到。一般来说，体重越重，力量素质越好。

　　体型对力量素质的影响又是怎样的呢？通常，体型粗壮的人拥有发达的肌肉，他们的力量素质较好；体型匀称的人与体型细长的人相比，速度力量更好。

　　脂肪对力量素质有很大的影响。肌肉运动时如果周围脂肪太多，肌肉的力量就会被消耗一部分，这样最终产生的力量就会被减弱，这也就是平常所说的"肥胖会让我们的行动变得困难"。

为什么要发展力量素质

　　力量素质作为我们的基本身体素质之一，对我们从事各种活动及参加各种体育运动都有着很大的影响。

　　发展力量素质，对我们的健康成长大有益处。

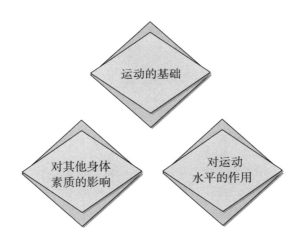

发展力量素质的意义

首先，力量素质是进行运动的基础。

无论是简单的站立、行走，还是难度更高的体操、拳击等运动，都需要通过肌肉伸缩而产生的力量牵引着我们身体里的骨骼来进行。

这也就是说，力量素质是人体进行各种运动的基础素质，离开了它，身体连最基本的站立、行走都不可能做到了。

其次，发展力量素质，有助于促进其他身体素质的发展。

力量素质是身体素质中的基础素质，也是其他所有身体素质的基础。

发展力量素质，可以使速度素质、耐力素质、柔韧素质以及灵敏素质都得到显著的增长。

最后，发展力量素质，可以直接提高我们的运动水平。

正是因为力量素质是进行各项运动的基础，所以这项素质能够直接影响掌握运动技术的快慢以及运动水平的高低。在很多由力量和爆发力决定的体育运动中，比如跑步等，力量素质更是发挥着至关重要的作用。

活力满满，发展力量素质

常见力量素质训练方法

★ 锻炼颈部力量

拉颈

颈部肌肉的拉伸动作很简单，我们可以将头部尽量分别往前、后、左、右四个方向倾，同时伸直双臂，感受颈部的拉伸力量。

做完这些之后，我们还可以以顺时针和逆时针方向转动颈部，使颈部的肌肉得到充分的舒展。

倒立

倒立的动作看似平常，却是锻炼青少年的颈部肌肉力量的最简便易行的方法。

在做这个动作之前，我们需要站在墙壁前，然后用手支撑身体，慢慢使身体下部朝上，头部朝下。在这个过程中，一定要注意手不能离开地面，以维持整个身体的平衡。

向后拉颈

在实现倒立动作的初期，我们可以先把脚轻轻靠放在墙上，头、双手支撑，主要用颈部及手臂的肌肉支撑我们的整个身体重量。等到自己感觉身体已经慢慢适应之后，我们就可以尝试着让双脚离开墙壁，左右腿伸直呈"一"字型，这样可以更好地提升颈部肌肉的力量。

倒立

在倒立前，我们应该先对颈部肌肉进行拉伸，让颈部肌肉得到活动与放松，以免颈部突然受力而受伤。

需要特别提醒的是，我们做倒立动作时旁边一定要有人保护，以免发生危险。如果我们觉得自己还没有足够的力量，请千万不要轻易尝试倒立动作。

★ 发展臂部力量

加强对臂部力量素质的训练，不仅可以使我们的胳膊变得强壮有力，有助于消除手臂多余脂肪（赘肉），而且对我们身体其他部位肌肉力量的增强也有很大帮助。

俯卧撑

俯卧撑是一种常见的身体素质训练动作。做这一动作时，首先我们可以趴在地面或舒适的瑜伽垫上，然后用双臂支撑起身体，注意两手的距离应该比肩膀更宽一些，这样才可以充分锻炼到臂部的肌肉。

俯卧撑

做俯卧撑时，每一次使身体下降的时间应当保持在2～3秒左右，使身体充分下降，直到胸部距离地面大概2～3厘米，然后依靠手臂的力量迅速支撑起身体，使身体回到原来的姿势。

手臂负重

手臂负重有直臂与曲臂两种形式，可以锻炼手臂力量素质，对手腕力量素质的提升也有很大的帮助。

手臂负重的"道具"获取比较简单，我们可以准备1～2个哑铃，或者其他有一定重量的小物体。

以举哑铃负重为例，手臂负重举的动作方法具体如下。

曲臂式哑铃负重

　　曲臂式哑铃负重时，自然站立，双手持握哑铃自然垂于体侧，将哑铃举起至大臂与肩齐平，保持动作 1～2 分钟，然后缓缓放下，再进行下一组练习，每次练习 5～10 组，可以根据自己的身体状况灵活安排。

　　直臂式哑铃负重时，准备动作同曲臂式哑铃负重的准备动作，将哑铃高高举起至超过头顶的位置，保持动作 1～2 分钟，然后缓缓放下，根据自己的身体承受能力反复多次练习。

手臂负重举

需要注意的是，在进行手臂负重时，应按照自己的实际力量选择重量适宜的哑铃。举哑铃时一定要注意安全，避免让哑铃碰到自己的头部或其他身体部位。

知识锦囊

如何挑选适合自己的哑铃

在进行手臂负重时，如果想要挑选适合自己的哑铃，这里有几个小窍门可供参考。

按照个人体质选择哑铃。我们可以去专卖体育运动用品的商场购买哑铃，如果我们能用一副哑铃连续做满8～10个标准的举哑铃动作，那么说明这个哑铃是适合的。

选择包橡胶的哑铃。哑铃的表面材质类型多样，有烤漆的、电镀的，还有包橡胶的。对青少年来说，选择包橡胶材质的哑铃应当是最合适的，因为这种哑铃的表面不容易打滑，用起来更加安全。

要及时调整自己使用的哑铃的重量。和成年人不同的是，青少年的身体还未发育完全，体质与力量还在不断发生变化，因此在进行身体素质锻炼的过程中，要及时根据自己的体质变化来更换适合自己的哑铃，以达到最好的锻炼效果。

★ 加强腿部力量

腿部的力量素质是我们人体最重要的一项身体力量素质，很多体育运动都要以它为基础。

连续纵跳

纵跳可以有效地发展膝盖的肌肉力量，也有助于提高腿部的力量素质。

纵跳前，可以先做半蹲姿势，然后双脚蹬地、起跳，在这一过程中，我们的双臂需要往上摆，而腿部则要尽量蹬直。

每次落地后，我们需要再次跳起，结合自身情况给自己定一个小目标，比如连续纵跳多少次或者几分钟，完成这个小目标后我们就可以停下练习。

跳绳

如果觉得连续纵跳的练习有些枯燥，那么我们还可以进行跳绳运动，这样不仅可以锻炼我们的腿部肌肉力量，对手臂的肌肉力量素质的提高也有促进作用。

下蹲起立

在下蹲前，双腿分开，与肩同宽，双臂向前伸直，深呼吸，挺胸、收腹，后背挺直。

保持上身动作不变，上身缓

跳绳

缓下蹲直至大腿部位和地面大致平行，保持这一动作 10～15 秒左右，再起身恢复站立姿势。

需要注意的是，下蹲—起立时，我们的上身一定要始终保持直立状态，这样才能使腿部的肌肉力量得到充分锻炼。

"跳山羊"

"跳山羊"动作需要我们和同伴一起合作完成，其中一个人需要弯腰，并且将双手撑在地上，注意保持身体的平衡，以充当"山羊"。另一个人（可助跑也可不助跑）撑住"山羊"的背部或肩部，双腿分开，从"山羊"身上跳过去。

"跳山羊"

"跳山羊"的动作虽然看似简单，却很能锻炼我们腿部肌肉的爆发力，使我们的双腿更有力量。

不过，如果我们是第一次接触"跳山羊"动作，要慎重选择"山羊"，最好先用软质、矮小的物品充当"山羊"，等熟练以后再和同伴一起练习。

仰卧走步

仰卧在地上或垫子上，抬起双腿，在空中交替走步，这个动作能有效增强我们的大腿肌肉力量。

仰卧走步

🏃 在游戏中提升力量素质

不同部位的力量素质训练结束后，如果我们还觉得意犹未尽，那么就叫上小伙伴一起，在下面的游戏中继续提升我们的力量素质吧！

★ 上肢力量素质小游戏

抛球游戏

抛球游戏是一个人就可以进行的小游戏。

找到一个球，可以是篮球或足球，再在空地上画一条线，我们需要站在离画线处 15 米远的位置抛球。

如果抛出去的球超过画线位置，则抛球挑战成功，如果球压线或者未超出画线处，则挑战失败。

抛球游戏

持哑铃接力

这个游戏需要我们和同伴们一起配合完成。

首先需要大家分成 A、B 两支队伍，两个队伍之间要间隔 10～15 米左右，然后各自排成一排分开站立。

游戏开始后，先由站在 A 队最前面的小伙伴双手分别持一个哑铃走到 B 队，并将哑铃传给 B 队中的排头。接下来再由 B 队的排头按照 A 队排头的方式将手中的哑铃传回给 A 队第二个人，以此类推，直到最后一个人完成持哑铃接力动作。

★ 下肢力量素质小游戏

摸高游戏

这个游戏可以自己独自进行，也可以邀请小伙伴们一起参与。

首先要选择一块靠墙的平地，用粉笔在墙上画出高度不一的横线，每条横线代表不同的分数，由低到高分数越来越高。我们只需要站在地面上双脚起跳，到达最高点时迅速用手触碰墙上的横线，摸到哪条就可以得到相应的分数。

如果是和同伴一起玩这个游戏，那么就可以分成两队进行比赛，哪一队的成员摸到的分数累计更多，则哪一队就获胜。

"开火车"

这个游戏同样需要我们和同伴们一起进行，大概需要 4～6 个人。

在开始游戏之前，我们需要与同伴排成一列纵队，然后各自把自己的左脚伸给前面的小伙伴，同时用左手托住后面的伙伴伸出来的脚，右手搭在前面的小伙伴的肩膀上，这样就可以组成一列"小火车"了。

组好"小火车"之后，大家要朝着事先规定好的目的地的方向跳，如果中途有小伙伴"翻车"或者"脱节"了，那么就要等其接好以后才能继续前进，直到"小火车"完整地到达目的地。

第四章 CHAPTER 4

挑战极限，速度与激情同在

精力旺盛，思想活跃，动作敏捷，这些赋予了青少年人群朝气蓬勃、富有活力的特点。

意气风发的我们在运动中追求畅快淋漓，这种愉快的体验少不了速度素质的支持。

速度素质是重要的身体素质之一，良好的速度素质让我们充满活力。

为你解读速度素质

什么是速度素质

★ 认识速度素质

　　速度素质，是人身体素质的重要构成部分，是个体快速运动的能力，具体表现在整个身体或者身体局部的快速运动。我们的速度素质表现在多个方面。

躲避障碍、快速安全跳落地面

多个街舞地板动作的连续、快速完成

快速挥臂接打网球

快速走跑移动一段距离

当我们在快速躲闪、快速移动、快速协调身体完成某个或多个动作时，我们都能感受到速度素质对身体参与运动的重要影响。

课堂上，在提问或竞猜活动中，谁举手的动作更快，谁就有机会获得答题机会。

运动会上，短跑运动员们在起跑线后屏气凝神、跃跃欲试、静待起跑信号，要想不抢跑并快速跑出、抢得先机，这就需要身体的快速反应与移动。

行走在路边，突然从远处飞来一个球（或是纸飞机、小石子、广告牌上掉落的碎片等），我们需要及时挪动身体躲避危险。

完成上述情况中的身体活动，都需要良好的速度素质来支持。

接力赛跑前蓄势待发的青少年

★ 速度素质的分类

根据不同的分类标准，速度素质可划分为不同的种类。这里重点来了解一下常见的速度素质的分类标准与具体内容。

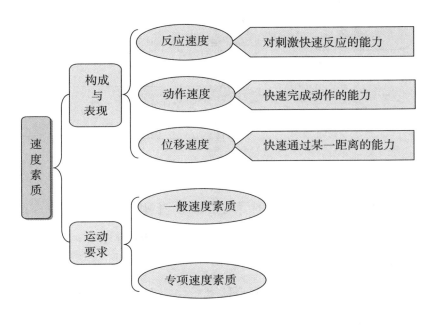

速度素质的常见分类

构成速度素质的反应、动作、位移速度，三者之间联系紧密又各自不同，如果我们想要提高速度素质，应三者兼顾。

一个人机警灵敏、动作快、反应快，往往被认为是聪明的表现，实际上，速度素质在其中发挥了非常重要的作用。对于从事某一个运动项目（如短跑、游泳、速度滑冰等）的运动员来说，速度素质更是非常重要。

是什么影响了我们的速度

速度素质受多种因素的影响，比如先天遗传因素，后天的运动锻炼、营养等因素。

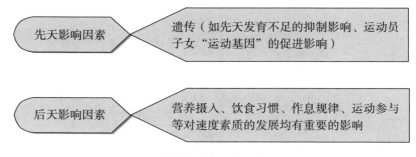

先天影响因素 → 遗传（如先天发育不足的抑制影响、运动员子女"运动基因"的促进影响）

后天影响因素 → 营养摄入、饮食习惯、作息规律、运动参与等对速度素质的发展均有重要的影响

速度素质的影响因素

一般来说，与先天不足的婴幼儿相比，健康的小孩大脑发育正常，神经系统发育完善，其速度素质就具有良好的生理基础，会随着年龄的发展而不断发展。

在青少年时期，人体迎来身体素质快速发展的敏感期，我们在这一时期积极参与体育运动训练，能让包括速度在内的身体素质获得更快、更大幅度的提高。

当然，如果我们的身体处于疲劳的状态，这时身体接受外界刺激（如光、声音），再思考、协调、做出动作反应，这一系列的生理活动的完成就需要比平时更长一些的时间，这也就意味着我们的反应速度、动作速度会变慢。

此外，一些心理因素也会影响我们的速度素质，比如当我们情绪低落、烦躁、注意力不集中时，速度素质会下降，这让我们显得没有平时那么机警灵活。

知识锦囊

情绪不好时，为什么反应会"慢半拍"

当我们的情绪不好时，我们的情感、精力会沉浸在负面情绪中，这样我们就不能迅速和及时地捕捉到外界的信息（比如语言口令、来球、红绿灯信号）。

与正常状态下相比，负面情绪下，大脑需要更多的时间来处理身体所接收到的信息，处理后的信息结果反馈给身体、身体做出动作的时间也会比平时更长。因此，整个身体的速度素质水平不高，外在表现就是我们的反应"慢半拍"。

激情澎湃，提升速度素质

　　结合速度素质的不同表现，一起来了解一下我们的速度素质的改善与提升都有哪些具体、有效的方法。

反应速度训练

★ 快速反应动作训练

反应起跳

　　快速反应起跳练习是提升反应速度的常见方法，操作简单，具体如下。

　　三五好友一起，一人手持一根长竹竿（或长树枝、长绳）横向或画圈经过其他人的脚下，不持竿的人在既定的范围内跑跳躲避长竹竿，避免被长竹竿打到脚。

　　躲避不及、被打到脚的人，与持竿的人互换位置，挑战继续，如此反复多次练习。

躲闪摸肩

两人一组，或者多人一组，相互追逐并尝试触摸对方的肩部，与此同时，要注意躲闪对方，不能让对方摸到自己的肩部。这是一个非常有趣的动作反应练习。

需要提醒的是，在跑与躲闪的过程中一定要注意运动安全。

★ 反应速度游戏训练，看谁反应快

叫号追逐

多人一起参与活动，事先划定场地范围。

所有人进行"1""2"（单数和双数）编号。选出一人做叫号员，叫到"1"，所有编号为"1"的人快速跑开，所有编号为"2"的人快速追逐单号跑者；叫到"2"，则单号追逐双号。

追逐跑时应注意，所有人都不能跑出既定的场地范围。

"抢占先机"

准备比人数少 1 的凳子（或箱子，或在地上画圈），所有凳子摆放成一圈，所有人围着凳子转圈走跑。

选出一人做指挥官，随机喊"停"，众人听到口令后迅速抢占凳子，没有抢到凳子的人淘汰。

去掉一个凳子，游戏继续，如此多次，直到剩下最后一人为获胜者。

"袋鼠跳"

准备一个口袋套住双脚（或用绳子、鞋带绑住双脚），画两条相距数米的起跑线和终点线。

所有人从起跑线后同时出发，以双脚跳的方式快速前进，比赛看谁最先到达终点线。

"袋鼠跳"

"老鹰抓小鸡"

"老鹰抓小鸡"的游戏大家都很熟悉，这是一个非常具有童趣且能增强我们的速度素质的活动。

众人排成一个长队，排在后面的人双手依次扶住前面的人的肩部。"老鹰"追逐抓拍队列最后面的一只"小鸡"。被拍到的"小鸡"充当"新老鹰"，原"老鹰"充当"新老母鸡"，原"老母鸡"充当队列末尾的"小鸡"。

动作速度训练

★ 提高手臂动作速度

模仿挥拍

如果我们是一名羽毛球或网球运动爱好者，作为小球迷，我们一定知道在这些运动中，每一次接发球都需要打球者手臂快速、有力挥动，这样才能更及时、迅速地击打出有威力的球。

因此，我们可以通过模仿羽毛球或网球的击球动作，进行模仿挥拍练习，这样做能有效提高我们的手臂动作速度。

快速举哑铃

坐姿，挺直后背；或站姿，两脚开立，脚间距与肩同宽。

双手各握一只哑铃，或者拿两本厚一些的书，也可持握字典，准备就绪后，双手有节奏地向上反复推举重物。

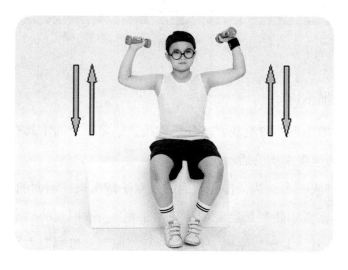

双手同时上举哑铃

　　需要特别说明的一点是，与力量素质训练中的"手臂负重"训练不同，在手臂动作速度训练中，虽然也通过手臂持握哑铃负重，但训练中更强调手臂动作完成的速度，而不是哑铃的重量。

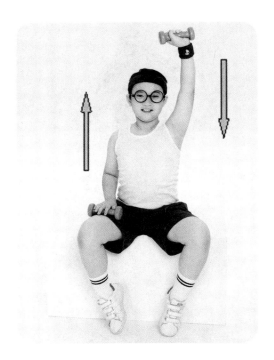

双手交替上举哑铃

★ 增强腿部动作速度

原地踏步

　　原地站立，双脚快速踏步，速度尽可能快，动作尽可能持久，可以进行多次练习，长期坚持可以有效提高我们的双腿快速运动的能力。

原地快跑

跑的动作比踏步的动作频率更快，原地快跑对腿部动作速度有更好的训练与提升效果。

原地快跑

开合跳

自然站立，并脚，双手抱头，后背挺直，进行开合跳。

第一次起跳落地时，两脚分开，脚间距与肩同宽；第二次起跳落地时，双脚合立，并膝。如此反复起跳、落地。

开合跳

结合手臂动作的开合跳

上下台阶与跑台阶

各种楼梯台阶在日常生活、学习场所中随处可见，反复上下（一阶或两阶）楼梯台阶、连续跑一段台阶，都是提升腿部动作速度的有效方法。

快速踢腿

站立踢腿时，一腿支撑，另一腿快速、用力踢起，方向随意，可以向前、向后、向侧方快速踢腿。

侧卧踢腿时，身体呈一条直线，一条腿贴地不动，另一条腿用力向上、向头的方向快速踢起。

站立快速踢腿

侧卧快速踢腿

★ 提升全身动作速度

转体跳

身体半蹲，双脚左右开立，起跳，身体在空中转体 180° 后落地；再起跳，身体反方向在空中转体 180° 后落地，反复多次练习。

反复转身跳能有效提高我们的髋部、双腿的动作速度，同时有助于提高我们的周边视觉能力。

对墙俯卧撑击掌

身体对墙站立，距墙有一臂距离，双脚并拢，双手直臂撑墙，身体保持一条直线。屈肘，身体靠近墙体，直臂撑起身体时双手完成迅速击掌动作后再次撑墙，如此反复多次练习。

十几岁的青少年已经具备了一定的手臂和躯干力量，如果身体素质较好，也可以尝试挑战对地俯卧撑击掌。

在这里需要特别提醒的是，我们在做这个动作时，一定要注意运动安全。

夹球举腿

仰卧在地上或垫上，身体呈一条直线。双脚夹健身球迅速举起并卷起身体将球举向头顶位置，快速还原至开始姿势。如此反复多次练习。做动作时要始终保持双腿伸直。

夹球举腿

球上爬行

俯卧在健身球上，在尽量保持球的位置不变动的情况下，双手、双脚迅速撑地向前移动身体，伸手触摸不远处的物体（哑铃或矿泉水瓶），前后反复多次练习。

球上爬行

位移速度训练

★ 加快手臂位移速度

摆臂

摆臂动作非常简单，站在原地不用移动身体就能开展，而且随时随地可以练习。

自然并立或双脚开立，两臂快速一前一后摆动，速度由慢到快，以尽可能快的速度持续摆臂 1 分钟。

摆臂时，我们可以尝试双臂同时向前摆、双臂同时向后摆、双臂同时水平摆动。

举臂

站姿或坐姿，手臂自然垂落于身体两侧，保持手臂伸直，反复向上直臂高举，使手臂与地面垂直。

为了让手臂更灵活，举手臂的方向应多样，除了直臂上举，还可以向前平举、侧平举、斜上举、斜下举等。

★ 加快腿部位移速度

大步走

选地面较平整的一段距离，大步快速向前迈进。在学校操场、上学与放学的路上、田野小径、街心公园，甚至是在客厅，我们都能开展这项练习，十分简便。

跨跳移动

向左或者向右多次跨步移动。

移动过程中，可以双腿一起跳起向侧方移动，也可以交叉步向侧方移动。

脚回环

自然站立，双手叉腰，一腿直立支撑，另一腿屈膝，由膝盖引领整个腿部向上—前—下—后—上画一个完整的圆做绕环动作。

运动时注意安全，避免跌倒而受伤。如果我们的平衡力不是很好，可以扶握旁边某个物体来帮助自己保持平衡。

★ 提升全身配合的位移速度

短距离快跑

选择一段距离快速向前、向后或者侧向（类似螃蟹的行走方式）

跑步移动。

跑步过程中，注意用前脚掌与地面快速接触，髋部和腿部快速、用力向前"拉"动身体。

障碍跑

我们可以自己设置障碍物或利用自然地形上的小障碍进行障碍跑练习。在跑的过程中提升自己观察、躲避、绕开障碍物的能力，并提高在复杂地面快速跑的能力。

拖人跑

与同伴手拉手，或者让同伴在身后牵拉自己的衣服，为我们向前跑步制造阻力，我们要尽量快速地向前跑。

第五章 CHAPTER 5

隐忍不发，你的耐力经得住考验

耐力赋予我们刚强坚毅，

耐力素质良好的人，在很多事情中会比其他人表现

得更坚毅，

耐力素质训练不仅能提高我们的体质健康水平，还

有助于磨炼我们的心性。

思想活跃、隐忍坚持，参与耐力训练，提高耐力素

质水平，助力我们早日成才。

什么是耐力素质

🏃 对耐力素质的理解

　　耐力素质对于青少年的发展是至关重要的。如果我们能扛得住高强度的运动压力，抵得住疲劳感，那么说明我们有着极强的耐力。

　　简单来说，耐力素质就是人体在长时间运动中克服疲劳的能力。根据耐力素质的高低可以判断我们的健康和体质情况。

认真对待身体感受到的疲劳

★ 什么是疲劳

疲劳其实是身体产生的一种现象，主要表现为工作能力及身体机能的暂时降低。比如，当我们在做一件事或者从事某项活动时，时常感觉身体不适、心理焦虑、肢体乏力、精神萎靡等，进而出现做事力不从心甚至只能放弃的后果。

人之所以会出现这些疲劳的现象，除了可能是大病未愈或者一直有某方面的疾病，还可能因为在平时不注意关注和保护自己的身心。

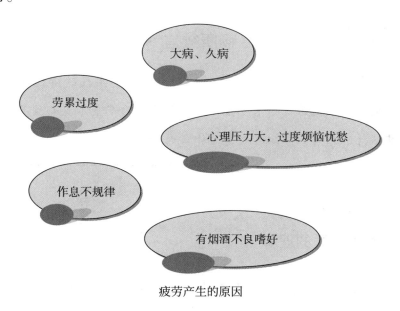

疲劳产生的原因

★ 克服疲劳重要吗

克服疲劳是每个人都要重视的问题。

有很多青少年认为："我正值青春年华，精力旺盛，熬得住。"这样想可就错了，千万不要小瞧了疲劳。

疲劳会让我们的学习、运动效率下降，影响整个人的精神状态。

长期处于过度疲劳的状态，很可能会给我们的身心造成严重的损伤。一旦因为过度疲劳而产生了各种病症，就会给我们的学习及生活带来很大影响。

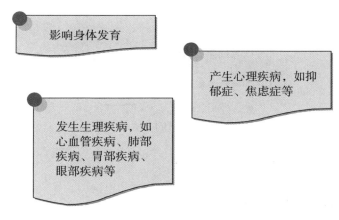

过度疲劳造成的后果

★ 如何应对疲劳

疲劳会影响身心的良好状态，如何避免这种不良影响呢？应从两个方面入手解决：预防、增强身体素质。

预防疲劳主要从培养良好生活习惯等方面做起。

疲劳，仅仅依靠预防是不够的，应该在预防的基础上具备更好的身体素质，这样才能让我们轻松应对当前的学习、生活乃至今后的工作。

作息规律，早睡早起

放松心态，积极乐观

坚持科学锻炼，增强耐力素质

营养均衡，不挑食，多吃鸡肉、鱼类、海带、粗粮等食物

预防疲劳的方法

青少年增强耐力素质的重要性

学习要消耗大量的精力，身体抵抗力需要不断得到加强。如何让身体不被繁重的学习任务、生长发育等需求"压倒"，始终保持一种积极、健康的身心状态，耐力素质训练就可以帮到我们。

科学的耐力素质训练能增强我们的身心抗压能力。

增强耐力素质，可有效提高我们身体系统的功能，特别是呼吸系统、血液循环系统的机能。一旦这些身体功能得到提高，我们在运动中的抗疲劳能力就会增强，就可以完成一些强度较大、时间较长的运动。

增强耐力素质，可有效提高我们身体的抗疲劳能力及疲劳过后身心快速恢复的能力。疲劳得到恢复，我们就可以继续运动甚至完成一

些难度系数更大的运动。

增强耐力素质，也有助于使我们形成坚毅、顽强的内在品质，可谓是身心受益。

青少年耐力素质训练注意事项

培养耐力素质需要注意以下问题。

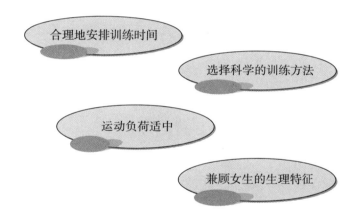

合理地安排训练时间

选择科学的训练方法

运动负荷适中

兼顾女生的生理特征

耐力素质训练的注意事项

耐力素质训练除了可以在学校体育课上进行，还可以在课后通过参与一些体育运动来进行，如中长跑、越野跑、耐力跑等。

在训练耐力素质时，建议在保持最大吸氧量的基础上，提高有氧代谢水平。持续负荷训练时，将心率控制在 130 次 / 分钟左右。在间歇负荷训练中，尽量在前一次训练还没完全恢复时再次参与训练。在重复负荷训练中，最大心率控制在 25 次 /10 秒左右，每组中间休息 5 分钟。

　　由于青少年的身体还处在生长发育的阶段，因此运动强度要适中。可循序渐进、逐步增强训练负荷，而不要急于求成。

　　此外，男女生理结构不同，女生的训练量和训练强度建议小于男生，在特殊生理时期可以暂停运动，注意休息调整。

克服疲劳，锻炼耐力素质

● 畅所欲言 ●

在运动过程中，如果你觉得自己很容易疲劳，无法将某项运动坚持到最后，说明你的耐力素质不足。其实，即便你感觉到自己的耐力素质较差，也不用太过担心，因为它是可以通过科学的运动锻炼得到提高的。

那么，你知道具体应该怎样通过运动锻炼提高耐力素质吗？

🏃 有氧耐力训练

有氧耐力素质的培养可以借助走路、跑步、水中运动锻炼等方式进行。

★ 陆上有氧耐力训练

长距离走

这里的"走"不是日常生活中那种随意、无意识的"走"，而是定时"走"。

我们可以选择宽阔的场地、公路或其他适合走路的环境，在规定时间内进行慢速或者快速的自然走。通常，可以将定时走的总时长限制在 30 分钟左右。

大步走

竞走追逐

竞走的特点是两腿交互迈步前进、双脚不能同时着地、速度比平时走路速度要快很多。

我们可以和小伙伴或家人采取竞走的方式相互追逐，每天坚持走

500×4 组，组间注意休息。

沙地走

沙地走就是在沙滩上徒手快走或负重走。如果是沙滩徒手快走，每组的距离可以控制在 400～600 米，负重走的距离可以控制在每组 200 米，每天坚持练习 3～4 组，组间注意休息。

如果没有沙地，则可以选择在比较软的地面上行走。

长跑

长跑是锻炼耐力素质的非常有效的方法，通常，长跑者会比普通人有更好的耐力素质。

户外跑步的青少年

我们可以坚持每天晨跑，也可以在周末陪家人或约同学好友一起去公园进行跑步锻炼以提高耐力素质。

变速跑

变速跑就是在长跑训练中不断变化跑的速度。也就是说，我们在跑步过程中，当快速跑一会儿感到很累时，可以改为慢跑。

变速跑不但能丰富跑步锻炼的内容，激发跑步兴趣，而且能很好地提高耐力素质。

重复跑

重复跑就是以固定的距离、时间及速配，进行次与组之间反复跑。跑时应结合自身情况来确定跑的强度和距离。

在操场上奔跑的儿童与少年

法特莱克跑

法特莱克跑是一种可以在场地、田野、公路上自由变速的越野性跑步，跑步时间控制在 30 分钟以内。

法特莱克跑主要在户外开展，我们可以欣赏沿途风景，为耐力训练增添一些趣味。

知识锦囊

法特莱克跑的三大好处

法特莱克跑对人体的好处有三点。

- 预防肥胖。在充满变化的地形与奔跑速度中，增加全身热量消耗，减少脂肪堆积。

- 强化心肺功能。跑步者在不断调整跑步速度的过程中，有效锻炼了心脏和肺部的功能。

- 缓解疲劳。跑步时会锻炼肌肉力量，使肌肉的抗疲劳能力越来越好，同时也可以缓解精神的疲劳。

★ 水中有氧耐力训练

水中行走

在齐膝深的水池中进行来回走的练习，利用水的阻力来为走路增加困难，走的过程中注意避免滑倒。

定时 / 定距游泳

游泳也是培养耐力素质的有效方法，对游泳的姿势和速度没有明确要求，只须把握好时间即可。

通常，持续游泳 15～20 分钟就能获得很好的效果。

无氧耐力训练

★ 陆上无氧耐力训练

无氧耐力素质的培养方法也不少，可以以跑步的形式进行，还可以以游泳以及其他方式进行。

高抬腿跑

原地高抬腿跑时，一腿支撑，一腿抬高让大腿与地面平行，两腿交替快跑。

也可以将行进中高抬腿跑与加速跑相结合，先进行行进间高抬腿跑 20 米左右，接着加速跑 80 米。这种跑步方式需要重复 5～8 次，间歇 2～4 分钟。

间歇接力跑

间歇接力跑需要两个人配合完成，两人前后间隔 200 米站好，每人完成 200 米接力。平均每人的重复次数为 6～8 次。

★ 水中无氧耐力训练

水中接力

游泳接力的方式与跑步接力类似，两人一组，每人游4次，共游3～4组，间歇为5～8分钟。

水中追逐

追逐游需要两人配合，我们可以和同伴左右间距3～5米，游泳之前两人统一好游泳姿势，互相追逐。每次进行50米的往返追逐游，共完成3～5组。

混合耐力训练

混合耐力素质其实就是有氧与无氧混合的耐力素质，常见的提高有氧和无氧混合耐力素质的训练方法主要有以下几种。

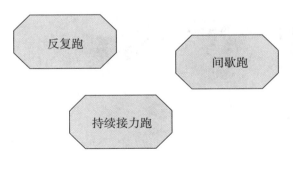

常见混合耐力训练方法

通过反复跑培养混合耐力素质时，需要每组反复跑150米、250米、500米的距离，共完成4～5次。每组练习之间休息20分钟。

持续接力就是以 4～5 人为一组，组内每个人进行 100～200 米的全力跑，轮流接力。参与人数较多时，也可以分为多个小组进行比赛，输赢不重要，重要的是我们参与了耐力训练。

间歇跑就是在一次或者一组训练后，严格控制时间，在机体还没完全恢复时，就开始下一轮练习的方法。在这项训练中，我们可以根据自身情况增减和调整运动的负荷。跑时可以先以接近于 100% 的强度跑完 100 米，然后转为慢跑，大概慢跑 1 分钟。训练以快＋慢的方式为一组。反复训练 10～30 组。

持续接力跑

第六章　CHAPTER 6

掌握技巧，柔韧有度、
身体灵敏有何难

灵活、柔韧的身体，让青少年更加活泼强健、充满
朝气。

柔韧素质与灵敏素质的提高能帮助我们避开各种运
动损伤，轻松应对各类运动项目，从此更加热爱
运动。

为了能够尽情参与喜爱的运动项目，快来提升我们
身体的柔韧素质和灵敏素质吧!

柔韧有度，展现身体魅力

● 畅所欲言 ●

　　你一定见过一些劈叉非常厉害的人吧？那么，你知道他们是怎样让身体的柔韧性变得如此好的吗？

　　若要完成一个完美的劈叉动作，韧带、肌肉和肌腱等的柔韧性都要非常好，身体关节的活动幅度也要足够大才可以实现。你是否也曾尝试提高自己身体的柔韧素质？效果如何呢？

什么是柔韧素质

　　柔韧素质的好坏主要取决于我们的韧带、肌肉等组织的弹性和伸展能力。

　　简单来说，柔韧素质主要表现为身体的柔软性，如有些人能折腰成桥、劈叉，有些人则在做大幅度的动作时显得身体僵硬。

如果我们的身体缺乏良好的柔韧素质，那么我们就不能顺利地掌握一些运动技巧，同时在运动中也容易受伤。

练习劈叉的女孩

知识锦囊

柔韧素质的分类

分类标准不同，柔韧素质种类不同。

根据运动项目分：一般柔韧素质、专门柔韧素质。

根据主体运动方式分：主动柔韧素质、被动柔韧素质。

根据不同的身体部位分：颈部、躯干、四肢等部位的柔韧素质。

柔韧素质训练

要想提升全身的柔韧素质，我们就要逐步增强身体各个部分的柔韧素质。

结合不同身体部位，下面来了解一下增强各个部位柔韧素质的具体方法吧。

★ 颈部柔韧素质提升

前拉颈

坐姿或站姿，腰背挺直。双手交叉抱头，颈部向前伸展，下拉颈部至有强烈拉伸感后保持一定时间，还原，继续以上动作。

后拉颈

站姿或坐姿，头部慢慢后仰，双手辅助将头部向后拉伸，至最大限度后保持数秒，还原，多次练习。

侧拉颈

站姿或坐姿，右手从背后抓住左臂，将左臂向右拉，同时头部右倾，将右耳朵贴在右肩膀上。

练习时动作幅度尽可能大，到最大限度后保持数秒，还原拉伸另一侧。反复多次练习。

★ 躯体柔韧素质提升

人的躯干需要提升柔韧素质的部位主要有肩部、胸部、背部、腰部、臀部、髋部等，各部位柔韧素质的提升方法如下。

向内拉肩

站姿，左侧手臂与肩部同高，直臂。右侧手臂屈肘与左侧手臂交叉。右侧手臂向后拉左侧手臂到最大限度，保持数秒。以上动作重复一定次数后换另一侧练习。

向内拉肩

背向压肩

背墙站立，双臂直臂扶墙，与肩同高。做屈膝半蹲的动作，到最大幅度后保持数秒，还原。多次练习。

向后拉肩

站姿或坐姿，腰背挺直，双手在背后合十，手指朝上。向上移动双手至最大限度，保持数秒，还原。反复练习。

直臂绕肩

双腿并拢站直，双手握木棍或毛巾，直臂将棍或毛巾从头顶绕到背后，再按原路线绕回。反复多次练习。

俯卧上仰

俯卧，双脚并拢，双手交叉抱于头后，上身慢慢上仰，头向后拉伸，至最大幅度后保持数秒，还原。反复多次练习。

俯卧上仰

伸臂后仰

坐在椅子上，背靠椅背，双手在头后交叉。上身慢慢向后仰，双手同时向后推，至胸部有强烈拉伸感后保持数秒，还原。反复多次练习。

坐姿拉背

坐姿，双腿前伸，双膝伸直或微屈，躯干向前倾，尽力贴近大腿。达到最大限度或背部有强烈拉伸感后保持数秒，还原。反复练习。

站立伸背

双脚分开，站立在一个横栏前，上体前倾与地面平行，双手抓住横栏。抓手位置高于头部，四肢伸直，然后向下压上体，至背部有强烈拉伸感后保持数秒，还原。反复多次练习。

体前屈

站姿体前屈时，双脚稍微分开。弯腰，双手尽力触向地面，至最大限度后保持数秒，还原。反复练习。

坐位体前屈时，双脚并拢，用力伸手去触碰脚尖。

坐位体前屈

仰卧团身

仰卧，屈膝，双手交叉抱在膝盖后，抬起腿部，双手将膝盖向胸部拉伸，至最大限度后保持一定时间，还原。反复多次练习。

弓箭步压髋

做弓箭步，后面腿蹬直，双手在髋部向下压，至最大限度后保持一定时间，还原。重复练习。

仰卧髋臀拉伸

平卧在一个平台的边缘，外侧腿悬垂，内侧腿向胸部屈膝，至最大限度后保持一定时间，还原。两侧交替重复练习。

★ 四肢柔韧素质提升

四肢需要增强柔韧素质的部位主要有臂、腕、腿、脚踝等部位。

背后拉臂

左臂屈肘上举至头后，右臂从背后抓住左臂肘关节。拉伸左臂肘关节至最大限度后保持一定时间。两侧交替重复练习。

撑地压腕

双膝、双臂撑地，双臂直臂，手指向前，身躯向下压腕。重复以上动作数次后分别将手指朝后、朝侧压腕。反复练习。

弓箭步拉伸大腿

弓箭步站立，脚尖撑地，双手叉腰或放在前面的大腿上，然后下压髋部。两侧交替反复练习。

弓箭步拉伸大腿

坐立后仰

坐姿，双腿屈膝折叠，使腿内侧接触地面，脚尖向后，之后身体后仰至最大限度后保持一定时间。多次练习。

体侧屈压腿

坐姿，一腿屈膝折叠，臀部放在折叠腿脚跟，另一腿向侧面伸直，身体向伸出腿一侧弯曲至最大限度后保持一定时间，两侧腿交替反复练习。

坐姿体侧屈压腿

扶墙拉小腿

双脚距离同肩宽，呈内八字面对墙壁站立，直臂双手扶墙，头颈、躯干和双腿呈一条直线，屈肘向墙壁靠近，脚跟始终接触地面，动作至最大限度保持一定时间。多次练习。

踝关节向内拉伸

坐姿，把左腿的小腿放在右腿的大腿上，一手扶住左小腿，一手抓住左脚外侧，向足弓内侧拉伸，两侧脚交替反复练习。

跪撑后坐

跪坐，双手、双脚脚掌撑地，然后向后下方移动臀部，至臀部接触脚跟后保持一定时间。反复练习。

体态灵敏，身体收放自如

● 畅所欲言 ●

　　迅速转身、变位、躲闪，在突发情况下保持身体平衡、协调，在运动中掌握节奏感，这些都是对你的灵敏素质的要求。

　　你知道怎样提升身体的灵敏素质吗？你在运动中是否也能做到灵活自如、随机应变？那是怎样的一种体验呢？

什么是灵敏素质

　　灵敏素质主要是指我们在运动中能够熟练、灵活、准确、协调地完成动作的能力。

　　灵敏素质实际上是对人体综合素质的体现，综合素质越高，身体灵敏度也就越高，通常以对动作的熟练程度来衡量灵敏素质。

　　身体灵敏素质的提升能够让我们在运动中变得更加灵活，同时也能展现出我们的运动美。

知识锦囊

影响青少年身体灵敏素质的因素有哪些

身体的耐力、柔韧、力量、节奏感、协调性等素质的高低极大地影响着灵敏素质。除此之外，体型、体重、年龄、性别、运动经验、气温、情绪等都是影响身体灵敏素质的重要因素。

表 6-1　不同影响因素对青少年身体灵敏素质的影响结果

影响因素	影响结果
体型	过高过瘦过胖、O 型腿、X 型腿的青少年灵敏素质较差 肌肉发达的中等身高的青少年灵敏素质一般较好
体重	体重过重，脂肪过多，会导致灵敏素质降低
性别	7—12 岁时男女生灵敏素质几乎无差别 12—15 岁进入青春期之后，男生的灵敏素质高于女生
年龄	7—12 岁时身体灵敏素质高 12—15 岁处于青春期，因长身体而导致灵敏素质较低
运动经验	运动经验越多，运动技术越熟练，灵敏素质越高
气候	气候阴湿、温差较大会降低关节的灵敏素质
情绪	情绪高涨时身体灵敏素质水平高 情绪低落时身体灵敏素质会降低

灵敏素质训练

增强身体灵敏素质的方式有很多种，以下主要介绍一些比较实用的基础锻炼方法以及游戏锻炼方法。

★ 基础训练

团身跳

原地跳起，跳起后两腿迅速团身收紧，然后下落还原，下落后微蹲。反复多次练习。

正踢腿转体

一腿支撑地面，另一腿向前上方踢腿至最高点，然后迅速以支撑腿为轴向后转体 180°，最后将踢出腿轻轻落下。

反应跑

听 / 看信号，按照指挥的方向进行前、后、左、右快速变换跑动，看看谁跑得最快、跑得正确。

模仿跑

两人前后站立，间隔一段距离一同向前跑。前面的人听到信号后做出变向、转身、急停、跳跃等一系列不同的动作，后面的人要集中注意力，跟随前面的人动作的变化而变化。

抛接球

两人面对站立，一人抛球、一人接球。抛球者可将球抛向接球者不易接住的方向，负责接球的人则尽力去接球，两人交替练习。

踢球 / 颠球

利用身体不同部位将球踢起或颠起，每次踢球 / 颠球的方向和高度尽量不同，这样才能更好地锻炼我们的动作灵敏性。

踢球与颠球

★ 游戏训练

在学校或者在日常生活中，你是否经常和同学、朋友一起做游戏呢？

事实证明，很多游戏是提升身体灵敏素质的绝佳方式，以下介绍几种能够提升灵敏素质的游戏，快来和你的朋友们在娱乐中增强身体的灵敏素质吧。

"甜甜圈"

所有小伙伴分成两组，分别围成一个小圈和一个大圈，就像一个"甜甜圈"一样，大圈包围小圈。

在每一个圈上，人与人左右相隔大约 2 米。另站出两人，一人沿着外圈跑，一人追。当两人周旋一阵后，被追逐者可进入内圈，迅速贴到某一人的身前，而被贴的人成为下一个被追逐者。

当被追逐者被追上之后，就与追逐者互换身份，继续进行游戏。

游戏时注意被追逐者不能一直逗留在圈内或者跑出离圈 3 米以外的区域。

"捉蛇尾"

所有人前后依次排列成一支队伍，后面的人抓住前面人的腰部，就像"老鹰抓小鸡"的游戏一样，只是这个游戏里没有"老鹰"。

整个队伍被看成一条"蛇"，前半部分为"蛇头"，后半部分为"蛇尾"。前半部分的人要努力去捉排在最后的那个人，后半部分的人则要帮助后面的人躲开，不让其被"蛇头"的人捉到。

当队尾的人被捉到之后，立刻互换"蛇头"和"蛇尾"，继续游戏。

"接果子"

　　两人互相抛球、接球，抛球后分别去接对方抛出的球，抛球的方向不固定，在球落地之前争取把球接住。

"接果子"

"指挥官"

先跟伙伴们商量好使用哪些动作，比如喊"1"时跳跃，喊"2"时侧翻，喊"3"时立定等。

找一个人来帮大家喊号，喊号要随机，喊完号之后大家要即刻做对应的动作。

"你追我跑"

可以多组织一些小伙伴一起玩这个游戏，然后指定中间的一个人为追逐者，其他人奔跑躲闪。

当有人被追逐者碰到之后要立即停止不动，站在原地双手侧平举，其他还没被追到的同伴可以借机去拍他，拍到之后他就可以"复活"，继续躲闪追逐者。

提升其他能力也能增强灵敏素质

★ 提升协调能力，增强灵敏素质

背对背挽臂蹲跳

两人一组，先背对背站立，然后互相在背后挽上手臂，喊口号一齐蹲下，再喊口号一齐跳起。

"模仿秀"

两人一组并排站立，分为甲乙两方，甲方做出一个动作，乙方即刻模仿相同的动作。

"蚂蚁举重"

两人一组，脚对脚仰卧于垫子上，中间放健身球，然后两人屈膝用脚抵住健身球慢慢上举，腿伸直后慢慢放下，注意球不能掉下来。多次练习。

"蚂蚁举重"

★ 提升平衡能力，增强灵敏素质

站立互推

两人面对面站立，双手伸直手臂能够触碰到对方。开始时互相用手臂推搡对方，让对方失去平衡，同时尽量保持自身平衡。

抛接球

向上抛球，旋转两三圈后接住从空中落下的球。

各种平衡训练

通过平衡性训练也能促进我们的身体灵敏性与协调性的提高，常见的训练方法有屈膝单腿立、站立搬腿平衡、俯卧搬腿平衡等，赶快来尝试一下吧。

屈膝单腿立

站立搬腿和俯卧搬腿结合练习

第七章 CHAPTER 7

区分体质，精选锻炼项目

你是什么样的体质呢？瘦弱、肥胖还是强健、多病？
青少年正是长身体的时候，针对不同体质选择合适
的锻炼项目，能够让你的身体更健康，让你的身材
更完美。

如果你不知道自己适合什么样的锻炼项目，那么就
随我一起去了解一下适合不同体质的运动项目吧。

患病锻炼要适当

● 畅所欲言 ●

当你生病的时候，你还会坚持锻炼身体吗？可能很多人都会建议你在生病期间好好休养。但生病是分轻重的，当症状较轻时也可以适当地参加体育锻炼，只是需要合理选择运动锻炼项目。

身体不舒服或者患病期间还能参加运动锻炼吗？可以参加哪些锻炼项目呢？

怎样判断患病是否适合锻炼

很多人有过这样类似的经历：在某一个时刻突然开始有轻微鼻塞、嗓子痛痒或者打喷嚏、流鼻涕的症状，这一症状有时候不会再加重，有时候就会慢慢加重。

如果我们是一个勤于锻炼的人，那么生病这件事可能会让我们很烦恼。因为生病可能会让一直进行的锻炼不得不停止。生病后该如何进行运动锻炼呢？

以感冒为例，当感冒的症状主要表现在脖子以上的时候，症状会比较轻，这个时候就可以选择运动强度不大的锻炼项目，结合身体情况注意降低锻炼的强度。

当感冒比较严重，并且症状已经蔓延到脖子以下的位置（比如发烧、胸闷、肠胃不适以及浑身疼痛、无力等），我们就应当及时就医，积极配合治疗，然后好好休息。

患病适合的锻炼项目

患病时适合的锻炼项目一般都要满足强度低和健身效果明显这两个要求，以下介绍一些具体的锻炼项目。

★ 慢跑

慢跑时全身放松，步伐小且慢，上肢屈肘至 60°～90°，上体微微向前倾斜至 85° 左右。

慢跑的速度控制在平时走路速度的 1.5 倍左右。锻炼时间按照自身状况控制在 20 分钟左右。

跑步时若出现头晕、心跳快等不适症状，我们不要立刻停止跑步，而要变跑为走，走一段时间逐渐慢下来后再休息。

慢跑的男孩

★ 散步

生病期间如果户外的气候较温暖，可以到环境较好的公园等地方散散步。

散步一来可以让身体得到有效锻炼，二来也能让人心情舒畅，这无疑有利于身体健康的恢复。

在散步的时候要注意保暖，行走时间也要控制在 20 分钟左右，以免受凉或者过度劳累而加重病情。

肥胖防控要重视

● 畅所欲言 ●

现在人们的饮食越来越好，青少年人群的肥胖率逐步上升。为了防止肥胖的发生，你平时会做些什么呢？

出现肥胖之后就要积极地减肥，而减肥需要恒心。坚持锻炼，你才能变得又瘦又健康。那么，你知道哪些运动项目有助于减肥呢？

为什么要减肥

如果我们不喜欢运动，同时又喜欢吃一些油炸食品、高热量的甜食、垃圾食品等，那么我们的身体就会逐渐变得肥胖。

青少年正处于生长发育的黄金时期，肥胖会阻碍我们的正常发育，也会对我们的身体造成很大的危害，如增加患病的风险。如果我们的身体已经趋于肥胖，那么减肥就势在必行了。

如果我们热爱运动，那么减肥塑身会让我们的身体更加轻盈，在运动中坚持更久，也能提高我们的肺活量。

青少年不注意饮食健康容易变得肥胖

知识锦囊

正视"减肥"这件事

减肥要健康合理，不正确的减肥方法不但起不到良好效果，反而会对身体造成伤害。

很多人觉得减肥就要少吃东西，甚至有人以节食来"对抗"身体里的脂肪。青少年学业压力大，又处于生长发育的阶段，为了减肥而节食是非常不利于健康的。因此，我们要建立正确的减肥观，不要为了减肥而节食。

一些人也觉得"多运动就能减肥"，但只靠运动来减肥，效果也不会太明显，只有合理饮食与运动锻炼有机结合，减肥效果才更好。

有效减缓肥胖的运动项目

通过运动多消耗一些能量，就能减缓和预防肥胖，所以这里推荐健美操、跳绳、自行车等有氧运动项目。

★ 健美操

健美操是一项有氧运动，对于预防和减缓肥胖非常有用，这里介绍几个基本的健美操动作。

举：以肩关节为轴直臂举上肢。有前举、后举、侧举、上举、侧上举和侧下举几种动作

屈：以肘关节为轴弯曲上肢。有胸前平屈、手触肩侧屈、肩侧上屈、肩侧下屈、胸前上屈、头后屈等动作

绕：以肩关节为轴，双臂直臂做曲线环绕动作。有以双臂或单臂向内、向外、向前、向后环绕等动作

健美操上肢基本动作

屈腰：腰部前屈、侧屈、后屈的运动。做动作时要缓慢进行，充分伸展腰部

环绕腰部：腰部转圈的运动，可以做弧线和圆周运动，动作要圆滑

健美操腰部基本动作

踢腿：站直后向前、侧、后方向踢腿的动作。踢腿时动作要利索，两腿交替进行

弹腿：站直后屈膝弹腿的动作。做动作时双腿要有弹性。弹腿有正弹腿和侧弹腿

跳跃：腿部的各种跳跃姿势，有并腿跳、开合跳、踢腿跳等。跳跃时下肢要有力度和弹性

健美操下肢基本动作

★ 跳绳

跳绳是一项对场地要求低，并且动作相对简单的有氧运动，其运动强度可根据我们的身体情况随时调节，消耗能量效果明显，对于预防肥胖非常有效。

跳绳时要求腰背挺直，手腕用力。绳子的长度按照身高调节，以脚踩绳子后两端能够拉到与胸同高为标准。

跳绳也有很多花式跳法，一起来了解一下吧。

单人跳有双手交叉跳、跑跳等。

正在跳绳的女孩

双人跳有带人跳、并肩跳（两人并肩手拉手，各捏绳子一头，同时甩绳，同时跳）等。

多人跳需要一条较长的绳子，两人各抓绳子一头向同一方向摇绳，其他人在绳子摇动的过程中乘机加入进去跳绳，可多人同时跳。

★ 自行车

自行车运动是一项强度较低的有氧运动，能够有效预防肥胖。

如果我们平时学业压力较大，户外自行车骑行是一项很好的放松身心的运动，并且能够帮助我们消耗热量，缓解和预防肥胖。

　　户外骑行要注意安全，尽量到车流量少的安全路段去运动，同时戴好护膝、护腕、头盔等防护用具。

结伴骑行的少年

强身健体有方法

畅所欲言

如今的青少年学业压力大，普遍缺乏时间参与或常忽视体育锻炼，导致身体素质每况愈下。你和你身边的朋友怎样看待强身健体这件事呢？你们平时参加哪些健身健体的体育运动项目？

强身健体的好处

强身健体就是让我们的身体变得更加健康，提高自身免疫力。拥有强壮的体魄才不容易生病，在日常的运动中也不易受伤，让我们更加安心地学习和生活。

强身健体不仅可以让我们有一个更加强健的身体，也能让我们的心理素质变得更好，从而更加从容地应对学业的压力。

强身健体还能让我们的大脑更加灵活，记忆力更强，更有利于学习的进步。

青少年处于生长发育的关键阶段，强身健体有助于骨骼的发育，能有效预防发育不良的现象。

强身健体锻炼项目推荐

★ 球类运动

球类运动是青少年经常会参与的一类运动项目，球类运动有很多种类，以下重点推荐羽毛球和篮球运动。

羽毛球

羽毛球是一项普及性很强的运动，也是青少年强身健体的良好选择。

要学练羽毛球，先要学会握拍，羽毛球握拍分为正手和反手握拍。正手握拍时，将虎口对准拍柄窄面，拇指和食指贴在拍柄宽面，其余三指自然握拍柄。反手握拍需在正手握拍的基础上将拍柄稍微外旋，拇指抵住拍柄宽面，其余四指并拢握柄。

常见的羽毛球动作主要有发球（正手发球和反手发球）、接发球、抽球（正手抽球和反手抽球动作）、高击球、杀球等。

羽毛球的各种击球技术动作丰富多彩，你来我往中趣味无穷，真正参与其中才能感受到羽毛球运动的魅力。

正在打羽毛球的少女

篮球

篮球是很多男孩热爱的运动，这项运动对于青少年骨骼发育有很大帮助，可以让我们的身高有显著的提高。

打篮球的过程中，我们需要做出跳跃、转体、跑动、移步、挥动和伸展上臂等一系列动作，身体的各个部位都会得到锻炼，是很好的强身健体的运动项目。

场上较量

篮下风采

★ 跆拳道

跆拳道是深受人们欢迎的一项体育运动。

跆拳道以腿法为主，拳法为辅，运动时拳脚并用，要求踢腿出拳有力。跆拳道学练可使人体各个器官都得到有效锻炼，能够强健我们的体魄。

跆拳道踢腿动作

★ 滑雪

滑雪也是一项能够调动全身器官的运动，在强身健体、放松心情等方面效果显著。

在滑雪的过程中，我们全身的各个关节都要被调动起来，让我们的身体变得活跃柔韧，同时身体各个器官也要活动起来：上肢主要撑动滑雪杆，给身体向前滑动的力；腰背和下肢要尽力控制身体的平衡，在地形变化之处做出转弯、躲避等动作。

由于室外滑雪一般在冬天进行，我们在滑雪的时候要注意保暖，避免冻伤或感冒。

滑雪运动具有一定的危险性，如果我们刚刚接触滑雪，一定要在成人的陪同或者教练的指导下进行，以免动作不当而引发肌肉、韧带以及骨骼等器官的损伤。

滑雪

体态矫正不用愁

● 畅所欲言 ●

　　青少年不良的体态不仅会影响健康，而且也对正常发育造成影响。

　　你以及你周围的朋友们有没有不良体态呢？你们是怎样矫正不良体态的？

认识不良体态

　　埋头读书、写作业以及长期坐姿学习，这些行为习惯可能会使青少年形成各种各样的不良体态。

　　不良体态会影响你的生长发育，也严重危害你的健康，所以当出现不良体态时要及时矫正。

　　青少年常见的不良体态主要有驼背、脊柱侧弯、高低肩等。

体态矫正训练方法推荐

针对青少年常见的一些不良体态，下面推荐一些能有效缓解、矫正不良体态的形体训练，我们可以结合自身情况进行练习。

★ 驼背矫正

如果我们长时间保持坐姿，并且喜欢弯腰、窝胸、低头写作业或者看书，那么长期下去就很可能出现驼背。

双手背后合十：双脚开立，双手在背后相握。吸气，双手用力向下拉，让双手靠近，至动作最大限度，保持数秒后还原，反复多次练习

仰卧伸背：仰卧于高枕（或健身球）上，后伸背部，保持大约半分钟到一分钟左右后还原，按照自己的情况多练习几次

伸展身体：面墙双脚开立，双臂扶墙，身体倾斜。抬头、挺胸、塌腰，臀部向上挺，至动作最大限度，保持数秒后还原

扩胸运动：做动作时抬头、挺胸、收腹。按照自己的情况多练习几次

仰卧提胸：双臂伸直扶地，屈膝双脚撑地。吸气，向上挺胸，背部离地至最大限度，保持数秒后还原，多次练习

驼背矫正方法

★ 脊柱侧弯矫正

如果我们坐着写作业或者看书时向左或向右弯曲着自己的背部，那么我们的脊柱很可能发生侧弯。

脊柱侧弯主要表现为两肩不等高或者后背两边不平等。

体侧屈：双脚开立，左手叉腰，右手侧上举，向左侧做侧屈运动。侧屈幅度尽可能大，两边交替练习

俯卧举腿：双臂屈肘撑地。吸气，向上抬起脊柱突出一侧腿，另一侧手臂伸直前举，保持数秒后还原，反复练习

负重转体：双脚开立，双手各持哑铃举至胸前，向脊柱凹陷一侧做体转运动，完成一次体转后双手自然下垂

脊柱侧弯矫正方法

★ 高低肩矫正

如果我们经常将书包背在一个肩膀上，或者我们在写作业的时候不自觉地将一边的肩膀抬高，那么我们可能会形成高低肩，表现为两肩不在一条水平线上。

单臂侧平举：双脚开立站直，低肩侧手持哑铃或一瓶矿泉水做单臂侧平举，另一侧手叉腰

双臂侧平举：面对镜子站直，两手握哑铃自然垂于体侧。吸气，双臂侧平举，在镜中观察，使两肩持平，呼气还原

提肩和沉肩：双脚开立站直，在低肩一侧做提肩运动10～15次。之后两肩做提肩和沉肩运动10～15次。如此反复交替练习

高低肩矫正方法

知识锦囊

能够矫正体态的其他运动项目

当下一些深受欢迎的舞蹈因为对身材和体态有较为严格的要求，比如芭蕾舞、体育舞蹈等，所以参与这些舞蹈锻炼也能够帮我们矫正不良体态。

芭蕾舞的站姿就是一种很好的矫正驼背、脊柱侧弯等不良体态的站立动作。

体育舞蹈对形体美有严格的要求，我们会发现学练过体育舞蹈的小伙伴的气质和身姿是非常好的。

第八章
CHAPTER 8

科学营养，奠定良好身体基础

俗话说"人是铁，饭是钢，一顿不吃饿得慌"，不吃饱怎么有力气学习、运动、玩耍呢？

青少年时期是长身体的关键时期，对吃这件事儿可不能含糊，除了要吃饱，更应该吃得"好"——吃得科学、营养、健康。

健康的体魄，是青少年生活、学习的基础，也是青少年在未来工作和生活的资本。科学营养能让我们的身体更加强壮，为身体素质发展奠定良好的基础。

认识营养与营养素

● 畅所欲言 ●

当你在吃零食时，父母有没有说过这样的话："吃吧，越吃越胖！""吃点有营养的饭菜不好吗？""少吃垃圾食品。"其实，家长的提醒确实应该记在心里，身体的健康成长是需要均衡的营养的。

营养和营养素是什么？营养究竟是从哪里来的呢？

了解营养

★ 为什么要了解营养

"吃得好、吃得有营养，身体才能长得高、长得壮"，这个道理再简单不过了。

了解了营养这门学问后，我们就能知道，哪些食物中含有人体生长发育所需要的营养与营养素，这有助于我们更科学、健康地进行饮食和摄入营养。

了解了营养这门学问后，我们就能很迅速地从面前一大堆食物中选择出健康食物、摒弃垃圾食品，并做到不偏食、不挑食。

了解了营养这门学问后，我们就能放心大胆地尝试一些美味又对身体健康成长发育有利的食物。

★ 如何界定"营养"

营养的原义就是"谋求养身"，也就是说，你要想维持正常的生理、生化、免疫功能及生长发育、代谢、修补等生命活动，就必须摄取和利用某些食物的养料。

营养从哪里来

人体所需要的营养主要是从各种各样的食物中获取的，不同的食物中含有人体所需的各类不同的营养（营养素）。

种类丰富的食物之所以能满足人对营养的特殊需求，主要是因为其含有人体所需的各类不同的营养物质（营养素）。

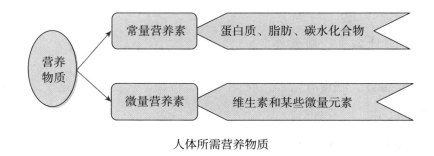

人体所需营养物质

知识锦囊

营养素

营养素是维持机体繁殖、生长发育和生存等一切生命过程，需要从外界环境中摄取的物质。

下面就带大家简单认识一下主要的营养素有哪些。

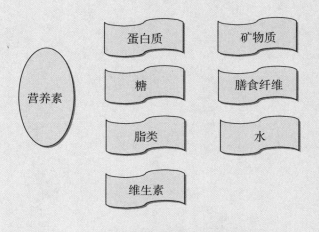

人体必需七大营养素

蛋白质对于机体的构造、组织的修补、人体生理功能的调节、热量的供给等都有重要作用。

糖类也就是碳水化合物，它主要可以维持人的体温、供应能量。

脂类的作用主要是供给能量，提供人体所需的脂肪酸。

维生素也可以叫"维他命"，对人体的生长、代谢及发育都有重要作用。

矿物质对调节体内生理、生化功能有着重要作用。

膳食纤维虽然不能被人体吸收，也不能产生能量，但其对维持人体健康有重要作用。

水是生命的"摇篮"，是生命赖以生存的重要条件，它参与着人体的所有代谢活动。

营养丰富的粗粮与细粮

畅所欲言

日常生活中，经常听到"粗粮""细粮"的说法，"粮食粗细"主要是就主食的口感来讲的。

主食中含有丰富的人体必备营养素（如糖、淀粉、蛋白质等），单纯追求食物的口感而只吃口感细腻的细粮，会养成挑食的坏习惯，不挑食才能让营养的摄入更丰富和全面。

你平时是更喜欢吃粗粮还是细粮呢？你知道粗粮中富含哪些营养素吗？

怎么区分粗粮与细粮

★ 粗粮有哪些

粗粮与细粮，其实是两个相对的说法，粗粮的口感吃起来更粗糙一些，因此很多青少年都不喜欢吃。

实际上，粗粮中富含我们人体所需要的各类营养素，而且粗粮也不都是"口感不好"，美味又营养的粗粮食物有很多，主要包括谷物类、豆类、块茎类。

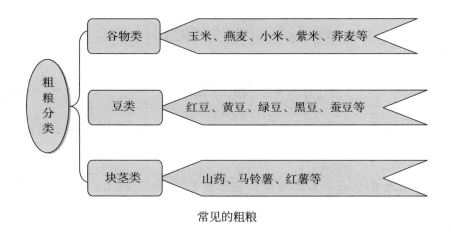

常见的粗粮

★ 细粮有哪些

细粮是指经过精细加工，将外面较为粗糙的部分去掉，保留中间较为细腻的部分的食物。因为经过了食物的"深加工"，所以细粮的口感更细腻一些。

常见的细粮主要有稻米和小麦两大类。

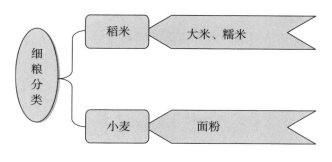

常见的细粮

★ 粗粮中含有的主要营养素

粗粮中含有大量的人体所需营养素，这些营养素可以为青少年的身体健康成长发育提供充足的营养，特别是蛋白质、植物纤维及氨基酸和胡萝卜素，还有维生素和一些微量元素等。

五谷杂粮

例如，燕麦中有着丰富的蛋白质，小米中富含铁、胡萝卜素，豆类中有着大量的优质蛋白等。这些食物中的营养素，都是人体不可缺少的。

因此，青少年千万不要挑食而拒绝吃粗粮食物。

★ 营养素含量丰富的细粮

随着人们生活水平的提高，细粮在每家每户的餐桌上早已非常常见。与粗粮相比，细粮细腻的口感，更受青少年的喜欢。

稻米、小麦是我们日常饮食中经常见到的最典型的细粮。

稻米还能再细分为大米和糯米。将稻米和小麦进行精细的脱皮、和面、揉捏、蒸煮之后就变成了美味可口的米饭、馒头、饺子、面条等。

与粗粮一样，细粮中也有着丰富的营养成分，有助于青少年健康、茁壮成长。

但是，需要特别强调的一点是，粗粮口感粗糙不能不吃，细粮口感细腻不能贪吃，不挑食、不偏食，才能全面摄入营养，才能奠定良好的身体基础。

口感好，易于消化和吸收

富含丰富的蛋白质

拥有人体所需的氨基酸

细粮的特点

不挑食，不偏食

粗粮和细粮中的营养素包含种类不同、含量多少不同，但都不宜过多食用，不能偏激，不可觉得粗粮好就只吃粗粮，细粮好就只吃细粮。

青少年只偏食粗粮或细粮中的任一种，不能给身体提供足够全面的营养。

只吃粗粮，不吃或较少吃细粮，膳食纤维和蛋白质摄入不足，会给人体的消化系统带来负担。

只吃细粮，不吃或少吃粗粮可能会摄入过多食物中的糖和脂肪，可能增加血管负担。

红豆饭

细粮是经过一定的加工之后产生的，口感细腻，但是在其制作过程中损失了一些营养素，尤其是膳食纤维、维生素等，而这些营养素对青少年的人体生长和健康有着重要意义。

恰巧，粗粮就能弥补细粮的这些不足。青少年在主食的选择上，万不可挑食、偏食。

三大营养素：糖类、脂肪、蛋白质

生命燃料——糖类

糖类，又称碳水化合物，是人体重要的生命燃料，能为人体内部的生理活动和人体参与运动提供运动能量。

糖类作为人体的重要营养素，在人体内部发挥着重要作用，人体在运动时，体内的糖会分解为运动供能。

青少年在参与大量的身体素质训练的过程中，身体的细胞、肌肉要完成各种"运动工作"需要一定的"动能"，这个"动能"就由身体中的糖（主要是血糖）来提供。

运动中，人体的血糖消耗速度会加快，随着运动的持续进行，身体里的血糖含量会不断下降，脑部血糖浓度也会下降，因此我们在高强度的长时间运动后，会感到头晕、饥饿。

短时间大强度运动时的热能，几乎全部由身体内的糖来提供。

糖类主要以淀粉、纤维素等形式存在于米面制品、蔬菜和水果中。富含糖类的食物口感是甜的，深受青少年的喜欢。

但是，青少年一定要注意控制糖的摄入，因为吃太多含糖高的食物且不注意口腔卫生，会导致口腔溃疡、龋齿。

青少年长期的热衷高糖饮食的习惯，还会容易导致身体肥胖，身体的抵抗力也会下降。

现在很多青少年喜欢喝奶茶、碳酸饮料，甚至把这些高糖饮料当水喝，这是非常不明智的做法。

人体燃料库——脂肪

提起脂肪，很多人都不太喜欢，认为脂肪是让身体变胖的"罪魁祸首"，其实这是对脂肪的误解。

脂肪是人体三大营养素中非常重要的一种营养素，我们人体中的脂肪主要存在于皮下和身体内部器官的周围，也正是因为脂肪的存在，心、肺、胃、肾等器官能得到很好的保护和固定，这让它们不会相互摩擦、发生移位，并缓冲外力冲击。

脂肪还能帮助我们维持体温，这是因为脂肪本身不易导热，我们身体中的脂肪可以帮助身体减少热量散失，同时又可阻止外界热能传导到体内，这让我们身体的温度能保持相对稳定。

脂肪作为人体重要的三大营养素之一，又是如何参与人体运动的呢？

脂肪可以作为人体的"燃料库"存储和提供热量，青少年在运动时，脂肪会燃烧提供运动所需的能量。人们常说"运动燃脂"也是这个道理。

食用油、肉类、豆类中的脂肪含量比较高，这些食物吃起来会很香，口感好。

青少年人群中偏爱油炸食品的人不在少数。

许多青少年会有只吃肉不吃蔬菜水果的坏习惯，他们觉得肉类更能满足自己的味蕾，能让自己开心起来。实际上，这么做显得"太任性"了。

虽然肉吃起来更香，更有饱腹感，但吃得过多很容易给身体带来负担，最典型的就是肥胖。

但是，青少年们一定要注意，脂肪的摄入是必需的，但一定要科学控制摄入的量，不能贪吃油炸食物，长期过量地摄入脂肪会导致肥胖，伴随着身体的肥胖，还可能会诱发一些慢性病。

任何时候，无论我们多么偏爱一类食物，都要科学控制饮食，不能贪食，更不能暴饮暴食。

蔬菜和水果中富含很多肉类食物所没有的营养成分，它们可以预防许多疾病，如大白菜可以预防十二指肠溃疡及肾虚等引起的腰酸腿疼，苹果可以调节肠胃功能，也能有效预防和治疗心脏病等。适当地食用蔬菜和水果，会让我们的身体更健康。

长期坚持食用蔬菜和水果的人，通常不会有便秘的问题。因为蔬菜和水果中富含大量的膳食纤维，帮助人体消化。

此外，适当食用蔬菜和水果也是控制体重的好方法。因为蔬菜和水果的热量都较低，所以吃多了也不会增加太多体重。

🏃 生命物质的基础——蛋白质

很多人早上都有吃鸡蛋、喝牛奶的习惯，在每天睡觉前都会喝一杯热牛奶，你有这样的饮食习惯吗？煮鸡蛋和炒鸡蛋，你更爱吃哪一种呢？

蛋白质是人体组织细胞的主要原料，被誉为是生命物质的基础，人体的很多组织，如肌肉、神经、血液、皮肤等，它们的主要成分都是蛋白质。

人体在运动时，蛋白质能提供一部分的运动能量，只不过与糖类和脂肪比起来，这一部分热量比较少。

人体的抗体（免疫细胞和免疫蛋白）的主要成分也是蛋白质，因此人们常说"多吃含蛋白质高的食物能增强抵抗力"。

牛奶和鸡蛋中的蛋白质含量很高，特别对青少年的生长发育更发挥着重要作用。

如果对鸡蛋和牛奶不过敏，也没有一些特殊的疾病，那么一定不要拒绝鸡蛋和牛奶，早餐喝上一杯牛奶，再吃上一颗鸡蛋，基本就可以满足我们一上午的学习、活动所需要的蛋白质含量了，这会促进我们的身体茁壮成长。

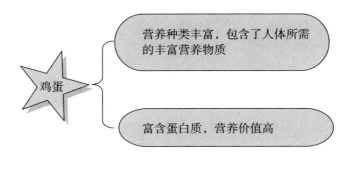

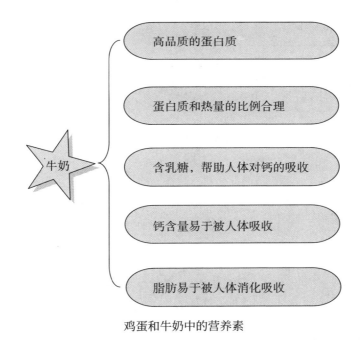

鸡蛋和牛奶中的营养素

　　虽然鸡蛋和牛奶都是很有营养的食物，但不是吃 / 喝得越多就越好，营养摄入要科学、均衡。

　　实际上，任何一种食物中，都会有一种或几种人体必需营养素的含量特别高，但都不能贪食。

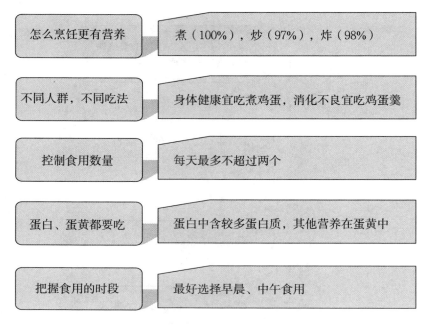

怎么烹饪更有营养	煮（100%），炒（97%），炸（98%）
不同人群，不同吃法	身体健康宜吃煮鸡蛋，消化不良宜吃鸡蛋羹
控制食用数量	每天最多不超过两个
蛋白、蛋黄都要吃	蛋白中含较多蛋白质，其他营养在蛋黄中
把握食用的时段	最好选择早晨、中午食用

鸡蛋富含蛋白质，但不能贪吃

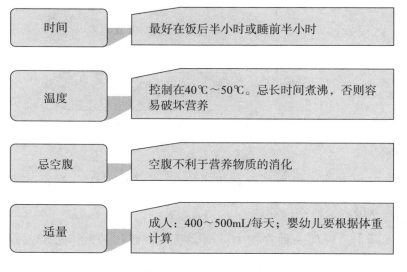

时间	最好在饭后半小时或睡前半小时
温度	控制在40℃～50℃。忌长时间煮沸，否则容易破坏营养
忌空腹	空腹不利于营养物质的消化
适量	成人：400～500mL/每天；婴幼儿要根据体重计算

青少年应科学饮用牛奶

蛋奶蔬果

不同食物中，糖类、脂肪、蛋白质的含量不同，青少年不可挑食，偏爱一种或几种，而其他的一概不吃，这是错误的做法。

鸡蛋、牛奶、蔬菜、水果，在日常饮食中都不可或缺，丰富的食物才能为我们的身体健康成长提供丰富的营养。

从现在开始，要想营养均衡，拥有健康的身体，就不要再挑食，不妨从喜欢蛋奶蔬果开始改善饮食吧。

人体不可缺少的矿物质

矿物质的分类

人体所需的矿物质主要有两大类：常量元素和微量元素。

常量元素在人体重量中占有较大比重，约为 0.01% 以上，共有七种。微量元素占人体重量的 0.01% 以下，也是人体必需的。

常量元素：钙、磷、钠、氯、镁、钾、硫

微量元素：铁、锌、碘、镍、钼、氟、铜、钴、铬、锰、硅、锡、钒

矿物质分类

人体所需矿物质的食物来源

人体所需的不同矿物质源于不同食物。这里带大家一同认识一下各种食物都能补充人体所需要的哪些矿物质元素。

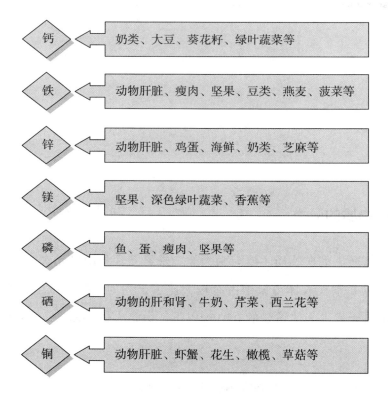

钙	←	奶类、大豆、葵花籽、绿叶蔬菜等
铁	←	动物肝脏、瘦肉、坚果、豆类、燕麦、菠菜等
锌	←	动物肝脏、鸡蛋、海鲜、奶类、芝麻等
镁	←	坚果、深色绿叶蔬菜、香蕉等
磷	←	鱼、蛋、瘦肉、坚果等
硒	←	动物的肝和肾、牛奶、芹菜、西兰花等
铜	←	动物肝脏、虾蟹、花生、橄榄、草菇等

不同食物中所含有的矿物质

第九章
CHAPTER 9

良好心态，缔造健康身体

遭遇逆境时，有些人悔恨、痛苦，变得悲观、怯
懦；有些人则坚强面对，迎难而上，奋力拼搏。
坚强来自于百折不挠的精神和强大的心理素质。
青少年只有拥有了良好的心态，才能缔造出健康的
身体，也才能在今后的人生道路上走得更正、更
远、更稳。

心理素质有多重要

● 畅所欲言 ●

　　在一次面向集体的自我展示中，自己明明准备得很充分，可是一站在台上看见台下那么多眼睛注视着自己，顿时感到无比紧张，脑子一片空白，最终只能以失望收场。你有过类似的经历吗？其实，这就是心理素质不好的一个典型的表现。

　　你了解什么是心理素质吗？怎样才能判断出自己心理素质的强弱呢？

🏃 如何界定心理素质

　　心理素质是人体整体素质的一部分，它与身体素质一样，也是先天与后天共同作用的结果。

心理素质的形成首先是以遗传为基础的，然后在环境和教育的影响下，经过人的实践活动逐步训练而成的。

人的心理素质综合反映着人的性格品质和心理能力。

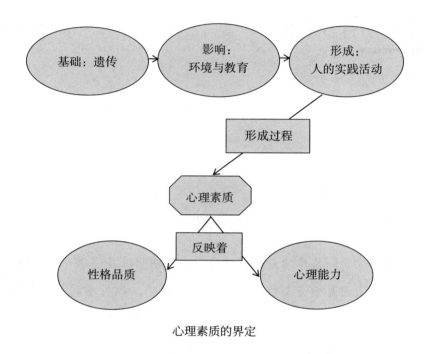

心理素质的界定

如果青少年有着优秀的性格品质和良好的心理能力，说明心理素质也比较好。

教你判断自己的心理素质情况

★ 判断心理素质好坏的依据

青少年要判断自己的心理素质是好是坏，必须有一定依据。具体依据包括以下几种。

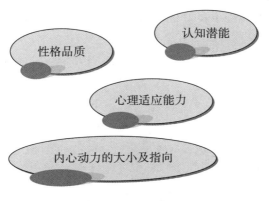

判断心理素质好坏的依据

★ 心理素质好的具体表现

心理素质好的青少年，其在许多方面都会有突出的表现。因此，只要我们认真观察、仔细分析、综合测评，就能清楚自己究竟因为什么才具有良好的心理素质。

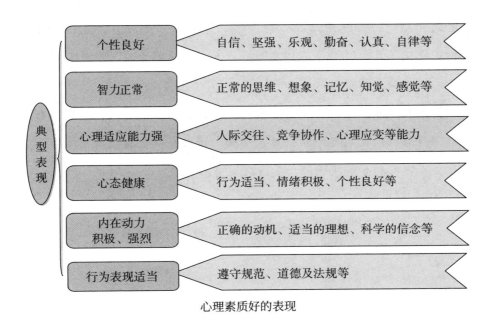

心理素质好的表现

青少年只有具备了良好的心理素质，才可能在学业上更上一层楼，也才能离自己的理想越来越近。

知识锦囊

远离"癌症性格"

如今，癌症易发的人群早已经没有了年龄的界限，大到七八十岁的老人，小到十五六岁的青少年。癌症不仅消耗着患者及家人的人力、物力、财力，还侵蚀着患者的生命，对患者及家庭造成巨大的伤害。

精神科专家将人的性格分为 ABC 三种类型，其中 C 指的就是"癌症性格"。C 型性格的人表面上从容淡定，内心却总矛盾、痛苦，遇到问题时，一味地压抑情绪，委曲求全，长此以往，悲愤、压抑、绝望等负面情绪得不到及时的宣泄，身体的免疫系统就容易失衡，从而诱发癌症。

因此，我们要努力让自己成为一个乐观、积极的人，遇到问题时，能为自己找到宣泄的出口，保持心情舒畅，拥有良好的心理素质，不仅有利于解决问题，更能促进身心健康。

平衡矛盾心理，保持健康心态

● 畅所欲言 ●

　　每当与父母吵完架以后，都很后悔不应该那么冲动，不应该与他们针锋相对。可是，再次遇到与父母意见不统一时，还是忍不住争辩几句。你有过这样拧巴的经历吗？

　　你经常会出现做法与想法不统一的时候吗？你觉得是什么原因导致心理如此矛盾？怎样才能以平衡、健康的心态应对一切呢？

矛盾心理的产生

★ 什么是矛盾心理

针对某人或某事，我们出现了两种对立的情绪或态度，就说明我们已经有了矛盾心理。而之所以会出现这种对立的情绪或态度，往往最直接的原因是我们不知道如何兼顾得与失。

矛盾心理可能源于我们的欲望与某些标准发生的冲突；也可能因为我们太过担心承担后果，而不知道如何选择。

★ 青少年为什么会产生矛盾心理

青少年正经历着生长发育的高峰期——青春期。青春期标志着人的身体和心理会由儿童逐渐过渡到成年人。正是因为这个特殊的时期，人在生理上的急剧变化容易对心理带来极大冲击，于是就会出现身心的失衡。

青少年在生理上的快速成熟会让他／她很快意识到自己已经是成年人，但心理的发展速度往往又会慢半拍，使得他们看起来又不太成熟，只能算是半成熟的状态。

身体的成熟与心理的半成熟之间的不平衡，最终造成了矛盾心理的发生。

正视自己，平衡矛盾心理

★ 青少年主要的矛盾心理

青少年的矛盾心理通常都较为复杂，这里就为大家总结一些较为普遍的矛盾。

矛盾一：敏思、好奇——认识迷惑混乱。

青少年之所以思想活跃、好奇心强，是因为如今接收信息的方式越来越便捷，有很多机会增长见识，开阔视野；而认识迷惑混乱，主要是因为他们的世界观和人生观还没有完全形成，对美与丑的辨别能力还不强。

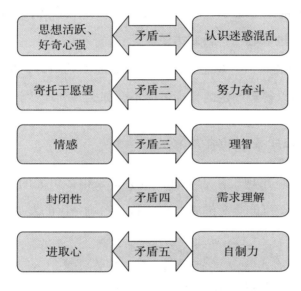

思想活跃、好奇心强 ◀ 矛盾一 ▶ 认识迷惑混乱

寄托于愿望 ◀ 矛盾二 ▶ 努力奋斗

情感 ◀ 矛盾三 ▶ 理智

封闭性 ◀ 矛盾四 ▶ 需求理解

进取心 ◀ 矛盾五 ▶ 自制力

青少年主要的矛盾心理

矛盾二："三分钟热度"——努力奋斗。

青少年的自控能力尚未形成，做事时容易受外界因素的影响，所以很可能做一半又去处理别的事情然后再接着做或者直接放弃不管；同样，青少年想法多，一旦有了想法就想实现，可是一遇到困难又容易放弃。

矛盾三：感性——理性。

青少年的情感丰富，很容易因为一时冲动而做出一些错事；为了向老师、家长展示自己已经成熟，是大人了，会努力证明自己是理智的，但一有突发情况也会表现出幼稚的一面。

矛盾四：自我封闭——需求理解。

性格外放的青少年喜欢通过结交朋友增进对方对自己的理解与认可；而性格内敛的青少年则不愿意向其他人表露心声，于是开始封闭自己的内心，他们通常会通过写日记、绘画、写字等方式表达自己的需求。

矛盾五：进取心——自制力。

青少年积极向上，总想在各个方面都能做到最好；但也容易受外界的干扰，所以曾经制定的目标可能不会那么顺利地达到。

★ 矛盾心理带来的负面影响

青少年一旦出现了矛盾心理，就会带来很多负面的影响，一旦未及时调整，甚至可能会对健康产生威胁，影响一生的发展。

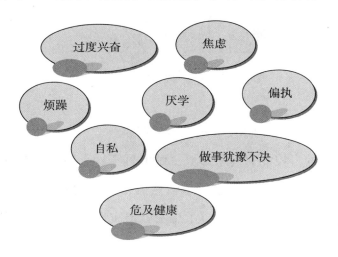

出现矛盾心理的典型表现

★ 学会处理矛盾心理

青少年产生矛盾心理是不可避免的，只要能掌握正确的方法，懂得科学的预防、乐观的面对、积极的处理，仍然能拥有健康的心态。

当矛盾的根源得以明确，我们就能快速而准确地找到好的解决办法，从而顺利化解矛盾。

要学会尊重事物发展的客观规律。事物都具有两面性，不要片面地看待问题，要从全局出发，看到事物的本质。

懂得理性地分析矛盾的根源。人只有在冷静清醒的情况下，才能做出较为正确的选择和判断。

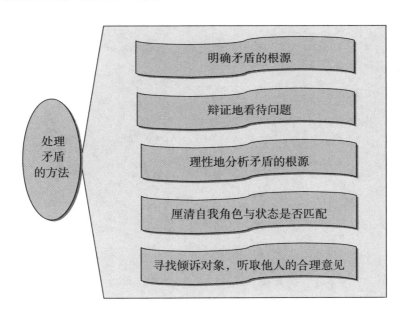

处理矛盾心理的方法

矛盾心理的产生往往就是对本我、自我还有超我关系的处理不当导致的。因此，当面对矛盾时，我们必须先厘清自己所处的角色与自身当前的状态是否匹配。

当局者迷、旁观者清，很多事情都是如此，所以当我们面临心理冲突时不如试着先找到倾诉对象，然后听听对方的看法和建议。

动怒有害身心健康

畅所欲言

有两位同学，曾经关系非常要好，几乎形影不离，后来一次偶然的吵架后彼此再也没说过话，形同陌路。

愤怒和恶语会给人带来难以言说的感情伤害。你的情绪自控能力如何？会因为一点小事而大发脾气吗？你觉得愤怒可怕吗？你知道怎样才能不动怒吗？

平息情绪，远离愤怒

★ 愤怒的表现

在生活中，我们经常会因为一些事情而感到愤怒。虽然愤怒只是一种情绪，但它的杀伤力极大。愤怒能让一个人的意志力变弱，判断力和理解力降低，理智和自制力也会消失。愤怒往往有一些典型的表现。

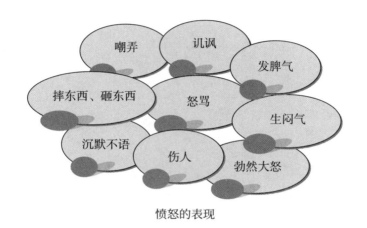

愤怒的表现

人在极度愤怒的情况下，大脑是不受控制的，很容易做出一些出格的事情，如骂人、打架，甚至走向违法犯罪的道路。所以，愤怒是可怕的，随时可能威胁到我们与他人的身心健康。

★ 愤怒带来的不良后果

如果我们很容易因为一些事情而愤怒，那么将会给自己的身心造成很多不良后果。愤怒的情绪犹如蔓延在我们心里的病毒，它会使我们的情绪变得消沉，意志力变弱，心情变得焦虑抑郁。

压抑的心情，也是冲破我们身体免疫系统的一大利器，很容易让我们失去健康。

首先，愤怒容易伤肝。从中医角度看，经常生气发怒容易引起肝火上亢，从而引起肝细胞功能的紊乱。

其次，经常生气容易让血压突然升高，尤其会对人的脑血压和心脏造成极大影响。

最后，经常愤怒还可能引起脱发。

动不动就发怒，在他人面前毫不克制，长此以往，会给我们的亲情、友情，甚至未来的爱情增加一道屏障，让我们与亲人、朋友、爱人的心越来越远。

懂得平息愤怒

现代社会竞争激烈，每个青少年都在负重前行，亟须找到愤怒情绪的宣泄出口。如果采用一些不理智和极端的错误做法发泄情绪，结果很可能会害人害己。

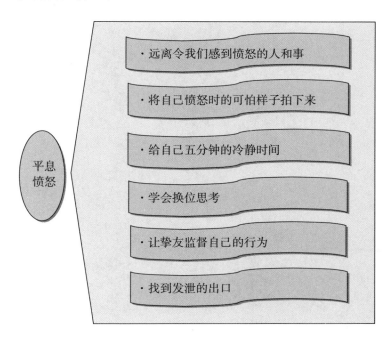

平息愤怒的方法

许多愤怒都是以愚蠢开始、以悔恨告终的，所以做一个能平息愤怒情绪的人吧。

当遇到可能会让自己愤怒的人或事时，要让自己冷静下来，要学会自控与思考怎样做才能平息愤怒，不要因为一时冲动而做了悔恨终身的事情。

在接受了多年的学校教育、家庭教育后，青少年要真正成为有素质的一代，更应遇事深思熟虑，当遇到让你气愤的人和事时，要有驾驭情绪的能力，做情绪的主人，做更好的自己。

学会自我调节，成为心理健康好少年

自我调节很重要

青少年学会自我调节不仅利于自身健全人格的培养，还利于个人的发展，更好地实现个人价值与社会价值的统一。在当前这个竞争残酷的时代，当我们遭遇逆境时，不一定会有人及时地关怀我们、走入我们的内心，更别说理解和帮助我们了。因此，学会自我调节对于青少年而言是极其重要的。

科学自我调节这样做

青少年健康的心理除了靠外界的帮助，也离不开自我的调节。要关注自己的心理动态，当自己的心理出现问题时，能第一时间感受到自己行为的变化，能比较及时地调整自己的心理。

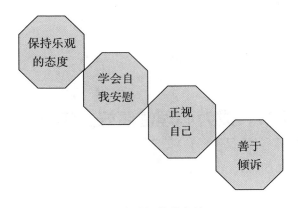

心理自我调节的方法

面对困难时，我们唯有乐观应对，才能消除心里的担忧。

例如，某次考试没及格，先别灰心，找到自己没及格的原因，是题太难、全班没有几个同学及格，还是自己近期对学习有些松懈；如果是因为自己最近过于懈怠，那么从现在起开始重视起来，坚信通过一段时间的努力，一定可以在下次考试时有很大的进步；最后就是行动起来，努力把落下的知识点赶上来，主动求助老师、同学的帮助。

学会自我安慰，才能让自己更快乐。比如，我们发现最近英语老师不像之前那样那么关注自己了，上课也不怎么提问自己了。其实，不必多想，很可能是老师觉得课上时间有限或者我们的上课状态不错、学习掌握情况良好，因此将关注对象转移到一些成绩需要得到帮助和提高的同学身上。

每个人因为生长在不同的环境中，基于先天和后天的差别，在能力、学习成绩上也会有差异。因此，青少年要正视自己，发现自己的优势和不足，扬长避短，成为更好的自己。

青少年正处在生理和心理的转折期，情绪很容易受到外界因素的影响而产生波动，如果找不到情绪宣泄的出口，将不利于身心健康发展。

有了不良情绪并不可怕，只要找到适当的途径宣泄自己的不良情绪，就一定能很快恢复成昔日那个阳光少年。

知识锦囊

青少年心理健康的标准

判断青少年的心理是否健康，是不可随意判定的，而要参照一定的标准。

- 是否人格完好，是否意识良好。
- 是否胸怀宽广，是否言行一致，是否表里如一。
- 是否热爱生活，是否兴趣广泛。
- 是否具有良好的自我意识，是否自尊自爱，是否尊重他人。
- 是否乐于交流，是否善于交友。

参考文献

[1] [美]斯科特·兰卡斯特（Scott Lancaster）、拉杜·特奥多雷斯库（Radu Teodorescu）著，史东林、郭丞、张建译.青少年身体素质练习方法[M].北京：人民邮电出版社，2017.

[2] 张绍礼.青少年体质健康干预的研究[M].沈阳：东北大学出版社，2012.

[3] 国家体育总局.运动健身指南[M].北京：人民体育出版社，2011.

[4] 林文弢，魏源.青少年身体素质的测试与评价[M].北京：科学出版社，2019.

[5] 李建臣，任保国.青少年体能锻炼与体质健康[M].北京：化学工业出版社，2014.

[6] 刘传勤.走跑健身科学指南[M].北京：中国书籍出版社，2013.

[7] 侯秀花，曹军.青少年身体素质锻炼方法[M].北京：中国纺织出版社，2018.

[8] 沈剑威等.体适能基础理论[M].北京：人民体育出版社，2008.

[9] [日]荒川裕志著，萧云菁译.拉筋[M].武汉：湖北科学技术出版社，2019.

[10] 刘利生 . 2000 个应该知道的生活常识 [M]. 赤峰：内蒙古科学技术出版社，2018.

[11] 杨顺莉，姜燕 . 全民健身一本通 [M]. 天津：天津科学技术出版社，2018.

[12] [美] 艾弗里·D. 费根鲍姆（Avery D. Faigenbaum）、韦恩·L. 威斯克（Wayne L. Westcott）著，王雄、徐建方译 . 青少年力量训练：针对身体素质、健身和运动专项的动作练习和方案设计 [M]. 北京：人民邮电出版社，2018.

[13] 孟丹妮，郭梦莹，肖俊杰，邓嘉莉 . 生命在于运动：运动对心脏和代谢的改善作用 [J]. 自然杂志，2020（1）：66-74.

[14] 宁志利 . 适合青少年的体育运动 [J]. 初中生必读，2012（Z1）：62-63.

[15] 王瑞红 . 晨练应避免四个误区 [J]. 家庭医学，2019（9）：36.

[16] 梁远之 . 这样晨练是错的 [J]. 人生与伴侣（下半月版），2018（12）：58-59.

[17] 孔德好 . 春季体育锻炼有讲究 [J]. 青苹果，2007（4）：48-49.

[18] 李可，冯道光 . 青少年夏季体育锻炼指导研究 [J]. 青少年体育，2014（6）：55-56.

[19] 朱静华，从林 . 夏季体育锻炼注意事项 [J]. 田径，2019，（7）：82.

[20] 朱静华，丛林 . 浅谈冬季锻炼 [J]. 田径，2021（1）：82+84.

[21] 叶子 . 青少年冬季锻炼需注意的五大事项 [J]. 青春期健康，2019，（1）：46.

[22] 张公连 . 运动性疲劳与消除 [J]. 安徽电子信息职业技术学院学

报，2007（4）：31-32.

[23] 王兴国. 怎样搭配营养餐 [J]. 健康博览，2020（1）：58-59.

[24] 王东旭. 粗细搭配　健康饮食 [J]. 农家致富，2017（2）：60.

[25] 沙怡梅. 粗细粮怎么搭配才合格 [N]. 健康报，2017-10-9.

[26] 范士忠. 维生素过量的危害 [J]. 养生月刊，2018（7）：608-609.

[27] 姚扶有. 告别愤怒 [J]. 保健医苑，2006（4）：46-47.

[28] 谷月. 学会驾驭情绪 [J]. 中国德育，2019（14）：28.

[29] 龚建党. 高中生心理冲突浅析 [J]. 江西青年职业学院学报，2009（2）：8-10.

[30] 生病时该不该坚持运动 感冒时能做啥运动？ [EB/OL].http://
health.people.com.cn/n1/2018/0531/c14739-30024742.html，
2018.5.31.

[31] 中学生心理的自我调整 [EB/OL]. https：//wenku.baidu.com/view/
233c8ca-767ec102de2bd89f6.html，2015.8.25.